U0721958

山东外事职业大学通识教育系列教材

礼仪文化教育

LIYI WENHUA JIAOYU

总策划 孙承武

主　编 魏伯河　张晓曦　于晓明
副主编 徐秋娟　秦洪坤　王其华

济南出版社

图书在版编目（CIP）数据

礼仪文化教育 / 魏伯河，张晓曦，于晓明主编 . —
济南：济南出版社，2023.9（2024.8 重印）

ISBN 978-7-5488-5881-2

Ⅰ . ①礼… Ⅱ . ①魏… ②张… ③于… Ⅲ . ①礼仪 –
文化 – 中国 – 职业教育 – 教材 Ⅳ . ① K892.26

中国国家版本馆 CIP 数据核字（2023）第 168960 号

山东外事职业大学通识教育系列教材

礼仪文化教育

LIYI WENHUA JIAOYU

总 策 划 孙承武
主　　编 魏伯河　张晓曦　于晓明
副 主 编 徐秋娟　秦洪坤　王其华

出 版 人 谢金岭
责任编辑 张智慧
装帧设计 刘雪晴　谭　正

出版发行 济南出版社
地　　址 山东省济南市二环南路 1 号（250002）
总 编 室 （0531）86131715
印　　刷 济南鲁艺彩印有限公司
版　　次 2023 年 9 月第 1 版
印　　次 2024 年 8 月第 2 次印刷
开　　本 185mm×260mm　16 开
印　　张 12.5
字　　数 230 千
书　　号 ISBN 978-7-5488-5881-2
定　　价 21.00 元

如有印装质量问题 请与出版社出版部联系调换
电话：0531-86131716

讲究礼仪，提高素质（代序）

孙承武

亲爱的同学们：

展现在你们面前的，是我们学校的校本教材——《礼仪文化教育》。这本教材最初编写于2009年，原名《礼仪教育简明读本》，至今已经使用十余年，累计印刷6万余册，今年经过修订再次出版。在你们阅读本书之前，我愿和大家交流一下关于礼仪的看法。

人的礼仪表现是其内在素质的自然展示。一个高素质的人肯定是一个待人处事彬彬有礼、恰当得体的人。人们评价一个人素质高低，往往首先是就其礼仪表现而言的。因此，全面推行素质教育，必须把礼仪教育作为重要组成部分放在重要位置。

中国历来享有"礼仪之邦"的美誉，我国的古人十分重视礼仪的作用。孔子说："不学礼，无以立。"（《论语·季氏》）他要求学生"非礼勿视，非礼勿听，非礼勿言，非礼勿动"。（《论语·颜渊》）荀子认为："人无礼则不生，事无礼则不成，国家无礼则不宁。"（《荀子·修身》）《礼记·曲礼》中说："道德仁义，非礼不成；教训正俗，非礼不备；分争辨讼，非礼不决；君臣上下，父子兄弟，非礼不定；宦学事师，非礼不亲；班朝治军，莅官行法，非礼威严不行；祷祠祭祀，供给鬼神，非礼不诚不庄。……是故圣人作，为礼以教人，使人以有礼，知自别于禽兽。"人们在长期的礼仪实践中，逐步认识到：礼仪是个人心理安宁、增强修养的保障，当每个人都抱着与人为善的动机为人处世，以文明公民的准则约束自己时，那么，所有人都会心底坦荡、身心愉悦。礼仪是家庭美满和睦的根基，家庭是以婚姻和血缘为纽带的一种重要社会关系，礼仪可以使夫妻和睦、父慈子孝、家庭幸福；礼仪是人际关系和谐的基础，社会是不同群体的集合，群体是由众多个体会合而成的，而礼仪可以调节差异性；礼仪是各项事业发展的关键，职业是人们在社会上谋生、立足的一种手段，讲究礼仪可以帮助人们实现理想、走向成功。但是，在历史沿革中的某些阶段，尤其是在动乱年代中，礼仪却被当作传统文化的糟粕而被践踏得面目全非，至今还有不少人认为讲究礼仪是虚伪的表现，更有许多青少年不知礼仪为何物。其直接后果是，尽管我们的经济发展突飞猛进，人们的物质生活水平不断提高，但整个社会的礼仪水平却不能与之相适应。处在成长过程中的大学生，则往往因不懂礼仪而在求职就业、人生发展和追求幸福的道路上屡受挫折。

礼仪是社会文化的重要内容，是需要教育和实践来培养的。大学的本质是人文教育，因此，作为以培养人才为己任的各级各类学校，应该把礼仪教育列入教学计划，开设专门课程，进行专门培养，要求学生掌握基本的礼仪知识，养成讲究文明礼仪的良好习惯，作为其事业发展和幸福人生奠基的重要内容之一。教师则应在文明礼仪方面成为学生的表率。

山东外事职业大学以培养面向广义服务业的外向型、高素质应用型人才为己任，长期以来，一直高度重视学生的礼仪培养，并逐步形成了我们的教育特色。我们的信念是：即便不能让我们的每一个毕业生成为同龄人中最优秀的，也要让他们成为同龄人中最优雅的。而优雅，正是优秀的外在表现。以往毕业的同学对此都有切身的体会，他们说："学习礼仪不仅使我们在校园生活中变得更加文明，使校园洋溢着和谐友爱的氛围，而且使我们在求职就业中胜人一筹，脱颖而出，更使我们在职场生涯中得心应手，独领风骚，在人生道路上享有更多的快乐和幸福。"

由此可知，文明礼仪教育是每一位同学不可缺少的人生一课。开设礼仪课程，打造礼仪特色，是我校课程改革的一项重要内容，并已成为我校教育的优良传统之一。为此，我们在十多年前编纂了《礼仪教育简明读本》，作为我们校本课程的教材长期使用，并根据需要不断予以修订。考虑到我校晋升本科以后学生的需要，这次又进行了较大修订。读完本书，你们可以了解、掌握常用的基本礼仪知识，并应用于生活实践中，使自己变得越来越文明。

在《论语》中，孔子说："质胜文则野，文胜质则史。文质彬彬，然后君子。"我们近年来在学校开展君子文化教育，鼓励大家追求君子人格，争做新时代君子，这和我们进行的礼仪教育是一致的。新时代君子应该是文质彬彬的，是讲文明懂礼仪的。现在，人类已经进入全球化时代，中外交流与合作越来越频繁，习近平主席提出的构建人类命运共同体的倡议，已得到世界越来越多的人的认同和赞赏。我们作为一所外事类院校，应该在中国进一步的改革开放中发挥更重要的作用。我们的校训是"中西合璧，知行合一"。我们培养的学生应该志向高远，既有世界的眼光，又能脚踏实地，走好人生的每一步。

亲爱的同学们，你们是否已经认识到礼仪在人生和社会中的重要作用？你们是否已经了解、掌握了有关礼仪的基本知识？你们是否养成了讲究礼仪的良好习惯？从自己的言行举止等各方面全面检查一下吧，或许还存在着这样那样的问题和不足。那么，就请从阅读本书开始，认真学习文明礼仪知识，熟练掌握日常礼仪，做一个待人处事彬彬有礼的人吧！这样做，你们不仅将终身受益，同时也是以实际行动在为我们的文明校园和现代社会建设做贡献！

衷心希望我们山东外事职业大学的每一位学子都成为懂礼仪的高素质新人！

2023年8月

前 言

礼仪是人类文明发展过程中的产物，它随着社会的进步、历史的发展而逐渐形成。我国是有五千年文明史的礼仪之邦，重视礼仪、讲究礼仪是我们悠久的传统。这是因为，礼仪是人际交往的标尺、和睦相处的准则、营造和谐的法宝、维系感情的线绳，是一个人思想觉悟、道德修养、精神面貌和文化教养的综合反映，更是一个国家和民族社会风貌、道德水准、文明程度、文化特色、公民素质的重要标志。但文明礼仪不是与生俱来的，而是需要教育培养的。让学生了解和熟悉礼仪知识，成为讲文明懂礼仪的优秀青年，使他们在融入社会时能把握为人处世的规矩、礼仪，尽快建立良好的人际关系，从而树立良好个人形象，彰显个人魅力与形象美，进而促进文明社会的建设，是我们开设本课程的目的。

本书包括九章内容，分别涉及礼仪概述、形象礼仪、沟通礼仪、交往礼仪、生活礼仪、校园礼仪、求职礼仪、职场礼仪以及涉外礼仪。通过这九章内容的学习，学生可以掌握基本的社交礼仪，养成谦谦君子风度。

为了让学生更好地学习和理解篇章内容，本书每章均分为学习目标、正文、相关链接、课后作业四部分，让学生在学习的过程中能够做到提纲挈领，理论与实践相结合，从而真正掌握必备的社交礼仪规范与技巧。

本书由张晓曦、于晓明执笔，基于一年的课堂教学实践，其中部分章节经徐秋娟、秦洪坤、王其华修订与补充，最终由魏伯河统编定稿。编写过程中，参考了国内部分已出版的礼仪类专著和教材，除在书后参考书目中列出之外，在此谨一并致以真诚的感谢。

目 录

第一章 礼仪概述

🌸 学习目标 🌸

1.了解礼仪的产生与发展简史；

2.掌握礼仪的原则、特征、作用和意义；

3.认识加强礼仪修养的重要性。

《诗经·鄘风·相鼠》云："相鼠有皮，人而无仪！人而无仪，不死何为？"英国哲学家约翰·洛克（John Locke，1632–1704）也曾说："没有经过琢磨的钻石是没有人喜欢的，这种钻石戴了也没有好处。但是一旦经过琢磨，加以镶嵌之后，钻石便生出光彩来了。美德是精神上的一种宝藏，但是使它们生出光彩的则是良好的礼仪。"当今社会，礼仪不仅是社会文明的重要标志，更成为人们待人处世的准则。遵守礼仪，生活就会变得更加和谐、顺畅。因此，大凡在事业上有所成就的人，都是极其自信而又善于把礼仪展现给他人的人。

第一节 知缘起

一、起源

自原始时代，礼仪之根就已经开始萌芽，主要体现在以下几个方面。

一是对神灵的敬畏。那时的人类同变幻莫测的大自然相比显得十分稚弱，无法解释千变万化的自然现象和突如其来的自然灾害，于是便认为是鬼神、祖先在主宰这一切。人们开始用一些精致、豪华的食具为礼器进行祭祀，以表示他们对神灵、祖先的敬畏，祈求保佑，这种祭祀活动是礼仪的萌芽。因此，就有了"礼立于敬而源于祭"的说法。

二是对家庭成员言行的规范。做父母的要抚养、关爱幼小的尚不能独立生活的子女，当子女长大成人之后，则要赡养年老的父母，兄弟姐妹之间也要互相关爱。早在尧舜时期"五常之教"已形成，即父义、母慈、兄友、弟恭、子孝。它对家庭成员之间的关系做出了明确的规定。这时，礼仪就把家庭成员的言谈举止规范化了。

三是人们交往沟通的需要。在社会活动中，人类渐渐形成了最初级、最原始的礼仪。在狩猎、耕种和部落之间的争斗中，同群体中的人通过眼神、点头、拉手来示意互相之间如何配合。日常生活中，人们不自觉地用击掌、拥抱、拍手来表达欢快的感情，用手舞足蹈来表示猎获食物的喜悦，人们之间这种相互的呼应、关照，逐步形成了一种习俗，这便是最初待人接物的礼节，现在的握手礼就始于原始社会。

四是维系等级差别的需要。随着社会的发展，人们在生产和生活中的分工越来越细，产生了发号施令的领导者和服从安排的被领导者。为了维护领导者的地位，体现领导者和被领导者的等级差别，出现了尊卑有序的现象。

二、形成

1. 周公：制礼作乐，奠定基础

中国礼仪之邦的源头一般认为是周公制礼作乐。周公总结商朝失德灭亡的教训，提出了"明德"的施政纲领，并据此制礼作乐。明德是施行德政，而礼就是保障德政得以顺利施行的规范、制度。

2. 孔子：礼、仁相合，丰富内涵价值

孔子所生活的时代，"礼崩乐坏"已成现实，孔子的伟大之处，就在于发现了在外在秩序背后，还应该有一个更深刻的心灵秩序——"仁"的秩序，就是有爱心与道德。在孔子看来，"仁"是内心的德性，"礼"是外在的规范。孔子以德来解说礼，赋予礼乐以仁的自觉。是孔子赋予了中国文明的"道德主体性"。

3. 荀子：礼法并施，构筑礼学框架

荀子极力倡导"以礼治国"，对礼的哲学与文化内涵进行了系统的阐发，揭示了礼的起源及本质，确立了礼的超越性和绝对性。天地、四时、阴阳、人情就成了礼的终极性本源和根基。"礼治"思想不仅丰富和充实了礼文化的内容，而且大大促进了礼文化的发展，并对中国传统政治思想产生了深远影响。

总之，经过周公、孔子、荀子的努力，"礼"逐渐形成了博大精深、经纬万方的巨大体系，礼文化深深影响了中华民族几千年的历史发展。

三、内涵

中国为什么被称为"礼仪之邦"呢？在古代中国，每一个人的一言一行、一举一动，都要受到礼与礼仪的规范与约束，几乎所有人际关系都在礼仪规范之内。说白了，中国古代社会某种意义上是通过礼制来维系的，所以才说是"礼仪之邦"。

对中国古代的礼，不仅要了解其外在礼仪规定、行为范式，更要探讨其礼仪规范内在的文化价值、精神，以便为今天的文化建设提供范式与依据。从训诂学的角度解释，东汉许慎《说文解字》："礼，履也，所以事神致福也。"古时称鞋为履，引申为踩踏，这一解释也就揭示了"礼"的双重含义：其一，礼如同人行走的路，前人所踏，后人所从，是一种必须遵循的行为规范，是人们行为的准则；其二，礼跟祭祀鬼神有关。从文化学的角度来解释：第一，礼是人类区别于动物的标志之一，也是人类自身文明与野蛮相区别的标志之一；第二，礼是一种统治秩序，是国家典章制度，是治理国家的大纲和根本；第三，礼，道理，事理，是社会一切互动的依据，是天经地义的法则；第四，礼是人际交往的方式。因此，如果对古人所说之"礼"来定义的话，可以这样理解：礼，是中国文化独有的概念，是华夏民族的内核，是仁爱、友善的人文传统的表现，以人际和睦、社会和谐为目的，具体表现为典章制度、礼节仪式、道德律令三个层面的一系列制度、规范和准则。

在现代，通常所说的礼仪是一种待人接物的行为规范，是一种交往的艺术表现，它是人们受历史传统、风俗习惯、宗教信仰、时代潮流等因素影响而在长期的社会交往中形成的。礼仪既为人们所认同，又为人所共同遵守，是建立在和谐关系的基础上，各种符合客观要求的行为准则和规范的总和，具体表现在礼貌、礼节、仪表、仪式等方面。

礼貌，是指人们在彼此交往过程中表示尊敬、重视和友好的态度。它是以尊重他人、不侵害他人利益为前提的，是表达人与人之间和谐相处的意念和行为，如尊老爱幼、热情好客、互赠礼物等。

礼节，是指人们在日常交际活动中，相互表示尊重、祝愿、问候、致意、慰问等待人接物方面的形式，如拜会、握手、吊唁等。礼节与礼貌的关系是：没有礼节，就无所谓礼貌；有了礼貌，必然伴随有具体的礼节。

仪表，是指人的外表、穿着，它主要指外在形象，引申为人的精神状态，如容貌、服饰、举止、表情、姿态、风度等。

仪式，是指在一定场合举行的具有专门程序和形式的社会活动，如升旗仪式、奠基仪式、毕业典礼等。

由此可以看出，在古代，礼仪涵盖范围极广，既表现为一般的行为规范，又涵盖政治、法制，如中国古代传统的"礼制"。近代以后，礼仪范畴逐渐缩小，像政治体制、法律典章、伦理道德等内容基本从中分离。在现代，礼仪一般不再作为制度，而是人类社会为维系正常生活而遵循的最简单、最起码的交往规范。它是人们在长期交往过程中逐渐形成的，以风俗、习惯等形式固定下来，表达人际友好、尊重并赋予事物以价值的礼节和仪式。礼仪，实际上是由一系列的、具体的、表现礼貌的礼节所构成的，是一个表示礼貌的系统而完整的过程。它不是法律所规定的，而是约定俗成的。它既是行为规范，也是人文素养，更是生活艺术。

第二节　明意义

一、实质

《礼记》开篇即曰"毋不敬"，以致后人在追溯礼学精神时，以为"经礼三百，曲礼三千，可以一言以蔽之曰'毋不敬'"。礼以敬为主，敬是礼的核心，因此，朱熹说"毋不敬"是一部《礼记》的纲领。"敬"是一种庄重严肃的心理，是对待人际关系和社会关系的一种认真诚实的态度。"敬"在礼的实施过程中，虽然表现在人们言行举止的方方面面，但它折射的却是行礼者内心的真实情感。因此，行礼时恭敬与否就成为判断礼的质量高低及双方情感远近的重要标准。

中国传统礼仪特别强调内心的"敬"，所有礼都包含了"敬"，没有敬就没有礼，有了敬就会自我约束、自律。任何时候都不能无敬心。敬，是谦卑自奉，低调行事，以恭敬之心对待亲戚、朋友，乃至弱势群体，遇事多为他人着想；对家国天下，以及人生、事业，始终怀有深深的敬意，尊老敬长、尊师重道、敬业乐群、相敬如宾、自尊自爱当然也是题中应有之义。我们内心秉持的诚敬，只有通过礼才能让对方感受到，而对方也会以同样的敬意回报我们。

二、终极目标

"礼"的外在作用是约束，至于"礼"的内在目的，《论语》中说得很清楚，有子曰："礼之用，和为贵。"（《论语·学而》）在有子看来，礼的终极目标是和，推行"礼"的目的，在于追求社会和谐。在儒家先哲看来，"和"的本质就是关系的协调，是人们宽容和理性的体现，只有保证和睦的社会关系，才真正有利于人的生存和发展。

从个人的角度来说，这是中国人对于君子之气的追求。《论语·雍也》载："子曰：质胜文则野，文胜质则史，文质彬彬，然后君子。"在孔子看来，只有做到文质彬彬，才能成为君子。

从国家社会层面来说，《资治通鉴》开篇就提到"天子之职，莫大于礼"，认为古时贤明的君主在治理国家时，都是按照"礼"的要求来操作，所有的事情都遵循着"和"的原则去处理，所以才会出现太平盛世。

最后，"致中和"是对至上理性的追求。《礼记·中庸》："中也者，天下之大本也；和也者，天下之达道也。致中和，天地位焉，万物育焉。""致中和"即建立符合规律的和谐社会。古人将协调人与人、人与社会关系的各种行为准则和道德规范贯穿于具体的礼仪实践之中，经过长期的潜移默化而落实在人们的行为上，从而起到融洽人际关系、和谐社会秩序的作用。

三、原则

歌德曾经说过："一个人的礼仪，就是一面照出他肖像的镜子。"礼仪也有规范和衡量的标准和尺度，礼仪水平的高低，客观反映了个人或群体的整体素养和境界。在日常生活中，学习、应用礼仪，有必要在宏观上掌握一些具有普遍性、共同性、指导性的礼仪规律。这些礼仪规律，即礼仪的原则。一般认为，礼仪的原则共有八条。它们同等重要，不可缺少。掌握这些原则，有助于更好地学习礼仪，有助于在实践中更好地运用礼仪。

1. 平等原则

平等原则是现代礼仪的首要原则，现代礼仪的根本就是交际双方的相互平等和相互尊重。如果没有人与人之间交往的平等，所有的交际礼节都会成为表面、机械、形式化的做作。因此，在人际交往中，虽然需要根据不同的交往对象，采取不同的礼仪方式，但在对交往对象人格的尊重上，则要求一视同仁，平等待人，不能因交往对象在年龄、文化、职业、地位、贫富、亲疏等方面的不同而厚此薄彼，区别对待，给予不同待遇。

这是社交礼仪中平等原则的基本要求。

2. 自觉遵守原则

礼仪虽然对人的行为具有规范和约束作用，但它不同于法律规范，因而不带有强制性和惩处性，需要社会成员自觉遵守。在交际应酬中，每一位参与者都必须自觉、自愿地遵守礼仪，以礼仪去规范自己在交际活动中的一言一行、一举一动。

3. 自律原则

从总体上来看，礼仪规范由对待个人的要求与对待他人的做法这两大部分构成。对待个人的要求，是礼仪的基础和出发点。学习礼仪、应用礼仪，最重要的就是要自我要求、自我约束、自我控制、自我对照、自我反省、自我检点，这就是所谓的自律原则。

4. 敬人原则

敬人原则就是要求人们在交际活动中，与交往对象要互谦互让、互尊互敬，友好相待、和睦共处，更要将对交往对象的重视、恭敬、友好放在第一位。只有首先尊重对方，才能赢得对方的尊重；只有互相尊重，才能建立和谐的人际关系。

5. 宽容原则

古人云："水至清则无鱼，人至察则无徒。"这句话形象而深刻地说明了宽容在人际交往中的重要性。宽容原则的基本含义，是要求人们在交际活动中运用礼仪时，既要严于律己，更要宽以待人。要多容忍他人，多体谅他人，多理解他人，而不要求全责备，斤斤计较，苛求他人，咄咄逼人。宽容原则是建立和保持和谐的人际关系的基础。

6. 从俗原则

由于国情、民族、文化背景的不同，在人际交往中，实际上存在着"十里不同风，百里不同俗"的情况。对这一客观现实要有正确的认识，不要自高自大，唯我独尊，以我划线，简单否定其他人不同于自己的做法。必要之时，要入乡随俗，与绝大多数人的习惯做法保持一致，切勿目中无人，自以为是，指手画脚，随意批评，否定其他人的习惯性做法。遵守从俗原则，会使对礼仪的应用更加得心应手，更加有助于人际交往。

7. 真诚原则

礼仪上所讲的真诚原则，就是要求在人际交往中运用礼仪时，务必待人以诚，诚心诚意，诚实无欺，言行一致，表里如一。只有如此，自己在运用礼仪时所表达的对交往对象的尊敬与友好，才会更好地被对方所理解、所接受。

8. 适度原则

礼仪的一个重要特点就是礼仪的对象化，即在不同的场合，面对不同的对象，对礼仪有不同的要求。适度原则要求人们在施礼的过程中，要善于把握礼仪的尺度。适度原则的含义，是要求应用礼仪时，为了保证取得成效，必须注意技巧，合乎规范，特别要注意做到把握分寸，认真得体。

四、特征

礼仪具有如下特征，应注意把握。

1. 社会性

礼仪的社会性，一是从礼仪文化的起源和发展来看。礼仪产生于人类社会之初，并贯穿于整个人类社会发展的始终。无论是在结绳记事、刀耕火种的远古时代，还是在科技发达、文明程度较高的现代社会，礼仪都具有广泛的社会性，并随着社会的进步而进步，随着时代的发展而发展。只要有人类社会存在，就有人与人之间关系的存在；只要存在人与人之间的关系，就会有规范人的行为规则的礼仪存在。二是从现代礼仪的功能和应用的范围来看，礼仪作为一种社会规范，涉及社会的各个领域，调节着社会成员在社会生活中的诸多关系，从而使社会更和谐、更有序、更文明、更进步。

2. 规范性

礼仪指的就是人们在各种交际场合待人接物时必须遵守的行为规范。这种规范性，不仅约束着人们在交际场合的言谈话语、行为举止，使之合乎礼仪，而且也是人们在交际场合必须采用的一种"通用语言"，是衡量他人、判断自己是否自律、敬人的一种尺度。礼仪的规范性是指在人际交往中的礼仪具有一定的标准和规则。礼仪规范的形成不是人们抽象思维的结果，而是人们在人际交往的实践中所形成并以某种风俗习惯和传统方式固定下来的行为模式，是体现当代社会的要求并被人们普遍遵循的行为准则。这种行为准则，制约着人们交往中的言谈举止，体现着人们的礼仪修养。遵循这种行为准则，即符合礼仪的要求；违反这种行为准则，便是违反礼仪的要求。

3. 互动性

礼仪是交际双方互相表示尊重、友好的体现，具有明显的互动性。礼仪的互动性是指当交往的一方主动向对方施礼时，另一方要做出相应的回礼，如互相问候、互相握手、互相拥抱等。"来而不往，非礼也"，受礼者如果不还礼，则是轻视他人的失礼行为。礼仪互动性的过程就是体现交际双方你敬我、我也敬你的过程。在交际的互动过程中，施礼有一个先后的问题，谁先施礼要受交际环境和交际对象的限定。

4. 限定性

礼仪适用于普通情况之下的、一般的人际交往与应酬。在这个特定范围之内，礼仪肯定行之有效。离开了这个特定的范围，礼仪则未必适用，这就是礼仪的限定性特点。理解了这一特点，就不会把礼仪当成放之四海而皆准的东西，就不会在非交际场合拿礼仪去以不变应万变。必须明确，当所处场合不同、所具身份不同时，所应用的礼仪往往会因此而各有不同，有时甚至会差异很大。这一点是不容忽略的。

5. 可操作性

切实有效、实用可行、规则简明、易学易会、便于操作，是礼仪的一大特征。它不是纸上谈兵、空洞无物、不着边际、故弄玄虚、夸夸其谈，而是既有总体上的礼仪原则、礼仪规范，又在具体的细节上有一系列的方式、方法，仔细周详地对礼仪原则、礼仪规范加以贯彻，把它们落到实处，使之"言之有物""行之有礼"，不尚空谈。礼仪的易记易行，能够为其广觅知音，使其被人们广泛地运用于交际实践，并受到广大公众的认可。礼仪以简便易行、容易操作为第一要旨。

6. 传承性

任何国家的礼仪都具有自己鲜明的民族特色，任何国家的当代礼仪都是在古代礼仪的基础上继承、发展起来的。离开了对本国、本民族既往礼仪成果的传承、扬弃，就不可能形成当代礼仪。这就是礼仪传承性的特定含义。作为人类的一种文明积累，礼仪将人们在交际应酬之中的习惯做法固定下来，流传下去，并逐渐形成自己的民族特色，这不是一种短暂的社会现象，也不会因为社会制度的更替而消失。对于既往的礼仪遗产，正确的态度不应当是食古不化、全盘沿用，而应当是有扬弃、有继承，更有发展。

7. 民族性

民族性是指礼仪在同一内容的表现形式上以及在同一表现形式代表的意义上都受到民族因素的影响而具有的独特性、差异性。同一内容在不同民族中可能有着不同的表现形式，同一形式在不同的民族中也可能代表着不同的意义。

8. 时代性

从本质上讲，礼仪可以说是一种社会历史发展的产物，并具有鲜明的时代特点。一方面，它是在人类长期的交际活动实践中形成、发展、完善起来的，绝不可能凭空杜撰，一蹴而就，完全脱离特定的历史背景；另一方面，社会的发展，历史的进步，由此而引起的众多社交活动的新特点、新问题的出现，又要求礼仪有所变化，有所进步，推陈出新，与时代同步，以适应新形势下新的要求。与此同时，随着世界经济的国际化，各个国家、各个地区、各个民族之间的交往日益密切，他们的礼仪随之也不断地相互影响，相互渗透，相互取长补短，不断地被赋予新的内容。这就使礼仪具有相对的变动性。

五、作用

明末清初思想家颜元曾这样表述礼仪的重要性："国尚礼则国昌，家尚礼则家大，身有礼则身修，心有礼则心泰。"现代社会中，礼仪已然渗透到日常生活的方方面面，无时无处不在发挥着作用。礼仪之所以被提倡，之所以受到社会各界的普遍重视，主要是因为它具有多重重要功能，既有助于个人，又有助于社会。礼仪的作用主要体现在以下几个方面。

1. 教育导向

在社会生活中，礼仪对国民综合素质，尤其是道德素质的提高，有着十分重要的教育和导向功能。加强礼仪教育，提高全体国民的道德素质，使其做到讲文明、讲礼貌，社会就会更加安定、和谐。礼仪对于个人的教育导向作用尤为突出。通过学习礼仪，可以提高自身的道德修养和文明程度，更好地展示自身的优雅风度和良好的形象。一个彬彬有礼、举止优雅的人，会受到人们的尊重和赞扬，同时，也会给周围人、给社会带来温暖和欢乐。礼仪教育是培养和造就当今社会一代新人的重要内容，其教育导向作用是显而易见的，也是其他形式不可替代的。

2. 沟通协调

礼仪行为是一种信息性很强的行为，每一种礼仪行为都表达一种甚至多种信息。促进人际关系的沟通和人们的社会交往，改善人们的相互关系，是礼仪的又一重要功能。现代社会人际交往日益增多，人们通过社交调节生活、建立友谊、融洽关系、增长见识、扩展信息。讲究礼仪，可以唤起人们的沟通欲望，相互建立起好感和信任，进而形成和谐、良好的人际关系，促进交际的成功，并使交往范围扩大，进而有助于事业的发展。

3. 规范行为

礼仪作为社会行为规范，对人们的行为有很强的约束力。在维护社会秩序方面，礼仪起着法律所起不到的作用。社会生活中，不论是生产活动还是日常生活，人们都必须按一定的客观规律办事，都必须有正常的社会秩序，每个人的行为都必须遵守一定的社会生活准则和规范。礼仪约束着人们的动机和态度，规范着人们的行为方式，协调着人与人之间的关系。可以说社会的稳定运行、社会秩序的有条不紊、人际关系的协调融洽，都依赖于人们共同遵守礼仪的规范和要求。

4. 促进社会发展

礼仪具有推动社会进步、发展精神文明的功能。历史上孔子主张"为政以德"，即以德治国，并认为"道之以政，齐之以刑，民免而无耻；道之以德，齐之以礼，有耻且格"（《论语·为政》），这充分说明了礼仪在国家建设和社会发展中的重要地位和作用。文明礼仪对现代社会的建设和发展作用更为重要。

5. 塑造良好形象

现代社会，人们常把礼仪看作一个民族的精神面貌和凝聚力的体现，是精神文明的一个重要组成部分。礼仪讲究和谐，重视内在美和外在美的统一。礼仪在行为美学方面指导着人们不断地充实和完善自我，并潜移默化地熏陶着人们的心灵。人们的谈吐变得越来越文明，人们的装饰打扮变得越来越富有个性，举止仪态越来越优雅，并符合大众的审美原则，体现出时代的特色和精神风貌。学习礼仪、遵守礼仪，可以净化社会风气，提升个人和社会的精神品位，展示良好形象，推动精神文明建设，促进社会和谐发展。

六、时代价值

改革开放以来，我们成功地实现了经济的转型与腾飞，成为全球第二大经济体。随着国力的增强，中国的国际影响力和话语权越来越大，我们参与国际事务的机会越来越多。我们认为，和平与发展是当今世界的主题，并愿意为世界和平与发展做出更大贡献。近年来，习近平总书记提出并多次阐述以"和平、发展、公平、正义、民主、自由"为内容的全人类共同价值和构建人类命运共同体理念，这是具有重大意义的。

中国礼仪是世界上最古老的礼仪之一，这种留在骨血里面的大国风范和礼仪之风一直延续到21世纪，更体现在国际政治舞台上。待人以礼是我们的文化自信，与人为善是我们的大国风范。我们尊重各种不同的声音，同时也应该获得不同国家的尊重。加强文明礼仪教育，在当今时代特别重要。只有我们人人有礼、人人守礼，才能够实现真正的天下大同。

第三节　学习礼仪的途径

学习礼仪的途径是多种多样的。学校教育和社会实践是两条主要途径。学校是学生受教育的场所，应该成为礼仪道德教育的重要阵地。学校礼仪教育可以使学生在思想上和行为上受到熏陶和训练，将礼仪知识内化为自身的素质，从而真正收到实效。社会实践是学习礼仪的又一途径，社会实践可以使学生提高分辨礼与非礼的能力，掌握礼仪技能。因此，在学习内容上，要做到将礼仪知识与道德要求相结合、传统礼仪与现代礼仪相结合、系统常识与专业特点相结合的"三结合"；在学习方法上，要做到理论学习与技能训练相结合、知识接纳与习惯养成相结合、学校学习与社会实践相结合的"三结合"。通过这两个"三结合"，将礼仪知识与技能变为实际行动，形成文明的行为方式，达到高尚的人生境界。

一、整合学习内容

在学习内容的选择上，要做到礼仪知识与道德要求相结合、传统礼仪与现代礼仪相结合、系统常识与专业特点相结合。

1. 礼仪知识与道德要求相结合

将礼仪知识与道德要求相结合，坚持寓礼仪学习于道德修养之中。一些礼仪规范虽然稍显烦琐，却能避免品行上的疏忽。在礼仪学习中应该把道德要求按照礼仪的方式进行组织，将礼仪与一定的制度规范相结合，充分运用礼仪的道德功能，从行为举止、仪态容貌、服饰语言上规范自己的行为方式，并且将这些规范延伸至生活之中，按照"礼"的精神做符合道德的事情，在社会生活中渗透基本礼仪常识的养成，使礼仪成为自己乐意接受的约束，自觉遵循的规范，努力追求的修养。

2. 传统礼仪与现代礼仪相结合

将传统礼仪与现代礼仪相结合，坚持以传统礼仪为基础、现代礼仪为主导。在传统礼仪中，有许多好的观点、观念，有许多好的礼节、习惯，比如，关于"礼"要以"诚"为基础、做人要真诚、待人要诚恳的观点，关于待人要具备"和"的精神、提倡包容之理、讲究待客之道的观点，关于协调和处理人际关系要讲究"适度"的观点，关于尊老爱幼、孝敬父母的规矩，礼尚往来、入乡随俗的规矩，讲究举手投足、视听坐卧、衣着打扮等仪态容貌的要求。这些观点和规矩，对于处理现代社会人际关系仍然具有普遍的意义。当今世界发展日新月异，人们交往日益频繁，在相互往来中，逐渐形成了许多既蕴含各国、各民族礼仪特点，又使不同国家、不同民族的人们可以增进了解的现代国际性礼仪，这些礼仪能让人们认同所接触到的越来越多的不同文化和习俗。因此，在学习中要注重将传统礼仪与现代礼仪创造性地结合起来，形成既符合国际惯例，体现现代礼仪精神，又具有中国特色的现代礼仪文化。

3. 系统常识与专业特点相结合

将系统常识与专业特点相结合，把握专业特点，选择好学习内容。礼仪学是一门博大精深的学问，它可以从伦理学、社会学、民俗学、美学等各个角度进行诠释。大学生最好能掌握文明礼仪的系统常识，同时根据专业的具体情况，将系统常识与专业特点相结合，选择好重点学习内容。

二、创新学习方法

在学习方法上，要做到理论学习与技能训练相结合、知识接纳与习惯养成相结合、学校学习与社会实践相结合。

1. 理论学习与技能训练相结合

中国礼仪与外国礼仪、传统礼仪与现代礼仪的发展轨迹、内涵、外延都不尽相同。当今时代，许多旧有的礼规仍在起作用，不容违反，新的礼规却层出不穷，不断变化。因此，必须通过课程学习了解中外礼仪的发展进程，了解现代礼仪的丰富内涵，了解它们的功能和作用，形成对礼仪的全方位认识，真正做到学以致用，运用礼仪规范，培养文明的习惯和素质。又由于礼仪具有很强的实用性与可操作性，从某种意义上说，它实际上是门实用性的科学。因此在掌握了礼仪常识之后，还必须掌握一些操作的技能，进行一些操作训练，如个人礼仪的技能训练：通过良好的身体姿态的训练，形成良好的站姿、坐姿、走姿，学会调整合适的表情与手势；通过服饰搭配方面的训练，形成良好的着装风格；通过语言谈吐方面的训练，形成良好的语速和适当的语调，掌握敬语的使用；通过仪容修饰方面的训练，掌握一般的美容、美发常识等；通过交往礼仪的技能训练，掌握介绍的方式、拜访与接待的方式、宴请的方式、礼品的选择、座次的安排、舞姿舞步、环境的布置等；通过礼仪文书的技能训练，掌握用书信和其他文字方式表达情感的礼仪形式等。这种学习方式的参与性，能够取得很好的学习效果。

2.知识接纳与习惯养成相结合

礼仪素质的养成，必须从点滴小事做起，从大处着眼，小处着手，寓礼仪知识于日常行为之中，然后逐步渗透于方方面面，最后使自己成为一个时时处处都恪守礼规的人。根据礼仪教育自身的规律性，学习过程中应该力求将知识接纳与习惯养成相结合，使自己在理论学习和技能操作中掌握敬人、自律、适度、真诚等礼仪原则和相关的知识，并积极地身体力行，把礼仪原则、规范运用到自己的交往实践中去，运用到自己的生活和学习中去，并时刻对照、检查，再把新的认识贯彻到行动中去修正，如此不断循环，从而达到提高礼仪品质、养成良好德性的目的。

3.学校学习与社会实践相结合

礼仪的实践性是由礼仪学习的特征决定的。礼仪学习具有侧重性。由于人与人之间的交往关系错综复杂，因而在交往过程中碰到的礼仪问题也会呈现出复杂性特征；又由于个人所处环境、所具有的生活经验以及知识水平不同，因而在礼仪的掌握上也会有所不同。这样学习礼仪的侧重点也就不一样。初学礼仪的人可以把日常礼仪规范作为自我修养的重点；从事公务员工作的人可以把公务礼仪作为自我修养的重点；从事商业工作的人可以把商务礼仪作为自我修养的重点。礼仪学习还具有渐进性。礼仪学习不是一蹴而就的，每个人的礼仪水平都是通过不断努力，循序渐进，从而逐渐提高的。任何礼仪学习都必须在实践中经常运用才能得到实际的效果。要鼓励受教育者积极参加交往实践活动，从中认识自己的哪些行为是符合礼仪规范要求的，哪些行为是不符合礼仪规范要求的，从而去克服自己的非礼行为，培养自己的礼仪品质。

【相关链接1】

你在家里对你的父母说过谢谢吗？

李娟大学毕业后到一家知名企业应聘，面试经理问："你在家里对你的父母说过谢谢吗？"

李娟回答："没有。"

面试经理说："你今天回去跟你的父母说声'谢谢'，明天你就可以来上班了。否则，你就别再来了。"

李娟回到了家，父亲正在厨房做饭。她悄悄走进自己的房间，面对着镜子反复练习："爸爸，您辛苦了，谢谢您！"

其实，李娟早就想对父亲说这句话了，因为她看到了父亲是多么不容易：自己两岁时母亲去世，父亲为了不使她受委屈，没有再娶妻子，小心翼翼地呵护她长大成人。李娟心里一直想说"谢谢"，但就是张不开嘴。李娟暗下决心：今天是个机会，必须说出来！就在此时，父亲喊道："娟子，吃饭啦！"李娟坐在饭桌前低着头，脸憋得通红，半天才轻声地说出："爸爸，您辛苦了，谢谢您。"

李娟说完之后，爸爸没有反应，屋内一片寂静。李娟纳闷，偷偷抬眼一看，她的父亲已泪流满面！这是欣喜之泪，这是慰藉之泪，这是感动之泪。此时，李娟才意识到，自己这句话说得太迟了。

第二天，李娟高高兴兴地上班去了。经理看到李娟轻松的神情，知道她已经得到该学会的东西，没有问就把李娟带到了工作岗位上。

【相关链接2】

中国礼仪的演变发展

《辞海》中对"礼"的解释是"本谓敬神"。从繁体字"禮"的结构来看，左边是"示"字，意为祭祀敬神，右边是祭品，表示把盛满祭品的祭具摆放在祭台上，献给神灵以求保佑。人类通过祭祀活动，表达对神和祖先的信仰、崇拜，期望人类的虔诚能感化、影响神灵和祖先，从而得到力量和保护。在他们祭祀天地神明以求风调雨顺、祭祀祖先以求多赐福少降灾的过程中，原始的"礼仪"随之产生了。

在古代中国，礼深入社会的每一个层面，因而礼的名目极为繁冗，《中庸》有"礼仪三百，威仪三千"之说。为了使用与研究的方便，需要提纲挈领，对纷繁的礼仪进行归类。《尚书·尧典》说尧东巡守，到达岱宗时，曾经"修五礼"，《尚书·皋陶谟》也有"天秩有礼，自我五礼有庸哉"的话，但都没有说是哪五礼。《周礼·春官·大宗伯》将五礼坐实为吉礼、凶礼、军礼、宾礼、嘉礼。由于《周礼》在汉代已经取得权威地位，所以其五礼分类法为社会普遍接受。后世修订礼典，大体都以吉、凶、军、宾、嘉为纲，如北宋礼典就称《政和五礼新仪》。《明会典》《大清会典》也是如此，只是没有冠以五礼的名称。受此影响，朝鲜王朝的礼典也称为《国朝五礼仪》。

我国礼仪的发展经历了一个由无到有、由低级到高级不断变革演化的漫长历史时期。由于历史阶段不同，不同时期的礼仪有着十分显著的特征。

1. 礼仪的起源和萌芽时期（公元前5万年—公元前1万年）

原始社会，人类处于蒙昧状态，生产力水平低下，人际关系十分简单，礼仪也非常简朴。由于人类没有同大自然抗争的力量，科学文化水平低下，自然崇拜、图腾崇拜、祭天敬神成为原始社会礼仪的主要内容。同时，由于原始社会没有阶级，只有等级，如老与幼、首领与成员等，社会成员之间是平等的、民主的、有等级的，这个时期的礼仪也反映了民主、平等、等级的观念。

2. 礼仪的草创时期（公元前1万年—公元前22世纪）

公元前1万年左右，人类进入新石器时期，在此后的数千年岁月里，原始礼仪渐具雏形。例如，仰韶文化时期的遗址及有关资料表明，当时人们已经注意尊卑有序、男女有别。而长辈坐上席、晚辈坐下席、男子坐左边、女子坐右边等礼仪日趋明确。

3. 礼仪的形成时期（夏、商、西周时期）

全面介绍周朝制度的《周礼》，是中国流传至今的第一部礼仪专著。《周礼》（又名《周官》），本为一官职表，后经整理成为讲述周朝典章制度的书。《周礼》原有6篇，详细介绍六类官名及其职权，现存5篇，第六篇用《考工记》弥补。六官分别为天官、地官、春官、夏官、秋官、冬官。其中，天官主管宫事、财货等；地官主管教育、市政等；春官主管五礼、乐舞等；夏官主管军旅、边防等；秋官主管刑法、外交等；冬官主管土木建筑等。

在西周，青铜礼器是个人身份的表征。礼器的多寡代表身份地位高低，形制的大小显示权力等级。当时，贵族佩戴成组饰玉成为风尚。相见礼和婚礼（包括纳采、问名、纳吉、纳征、请期、亲迎等"六礼"）成为定式，流行于民间。此外，尊老爱幼等礼仪，也已明显确立。

4. 礼仪的发展、变革时期（春秋、战国时期）

西周末期，王室衰微，诸侯纷起争霸。公元前770年，周平王东迁洛邑，史称东周。承继西周的东周王朝已无力全面恪守传统礼制，出现了所谓"礼崩乐坏"的局面。

春秋战国时期相继涌现出孔子、孟子、荀子等思想巨人，发展和革新了礼仪理论。孔子删《诗》《书》，定《礼》《乐》，赞《周易》，修《春秋》，为历史文化的整理和保存做出了重要贡献。他编订的《仪礼》，详细记录了战国以前贵族生活的各种礼节仪式。《仪礼》与前述《周礼》和孔门后学编的《礼记》，合称"三礼"，是中国古代最早、最重要的礼仪著作。孟子在道德修养方面，主张"舍生而取义"（《孟子·告子上》），讲究"修身"和培养"浩然之气"等。荀子主张"隆礼""重法"，提倡礼法并重。他说："礼者，贵贱有等，长幼有差，贫富轻重皆有称者也。"（《荀子·礼论》）荀子还提出，不仅要有礼治，还要有法治。只有尊崇礼，法制完备，国家才能安宁。荀子重视客观环境对人性的影响，倡导学而至善。

5. 礼仪的强化时期（秦汉至明朝时期）

公元前221年，秦统一中国，在全国推行"书同文""车同轨""行同伦"。西汉初期，叔孙通协助汉高帝刘邦制定了朝礼之仪，突出发展了礼的仪式和礼节。而西汉思想家董仲舒把儒家礼仪具体概括为"三纲五常"。汉武帝刘彻采纳董仲舒"罢黜百家，独尊儒术'的建议，使儒家礼教成为定制。

汉代时，孔门后学编撰的《礼记》问世。有讲述古代风俗的《曲礼》；有谈论古代饮食居主进化概况的《礼运》；有记录家庭礼仪的《内则》；有论述师生关系的《学记》；还有教导人们道德修养的途径和方法，即"修身、齐家、治国、平天下"的《大学》等。总之，《礼记》堪称集上古礼仪之大成，是传统社会礼仪的主要源泉。

盛唐时期，《礼记》由"记"上升为"经"，与《周礼》《仪礼》并称为"礼经"三书。

宋代时，出现了以儒家思想为基础，兼顾道学、佛学思想的理学，程颐兄弟和朱熹为其主要代表。朱熹指出，"然而仁莫大于父子，义莫大于君臣，是谓三纲之要，五常之本。人伦天理之至，无所逃于天地之间"（《朱熹文集》）。家庭礼仪研究硕果累累，是宋代礼仪发展的另一个特点。朱熹的《朱子家礼》最为著名。

明代时，交友之礼更加完善，而忠、孝、节、义等礼仪日趋繁多。

6. 礼仪的衰落时期（清朝时期）

满族入关后，逐渐接受了汉族的礼制，并且使其复杂化，导致一些礼仪显得虚浮、烦琐。例如，清代的品官相见礼，当品级低者向品级高者行拜礼时，动辄一跪三叩，重则三跪九叩。清代后期，清王朝政权腐败，民不聊生。古代礼仪盛极而衰。

清末，西方侵略者进入中国的同时，西方的政治、经济、文化、思想以及资本主义的道德和礼仪也一同进入中国。在礼仪制度和规范上，一方面，中国传统礼制面临着"礼崩乐坏"；另一方面，由于中国传统文化博大精深，资本主义礼仪规范只能部分地为中国国民所接受。在这一时期，中国传统礼仪和西方礼仪相互撞击，在一定范围和一定层次上相互融合，形成礼仪大杂烩。

7. 近现代礼仪（民国时期）

辛亥革命后，清王朝土崩瓦解，孙中山先生和战友们破旧立新，用民权代替君权，用自由、平等取代宗法等级制，普及教育，改易陋俗，剪辫子、禁缠足等，从而正式拉开现代礼仪的帷幕。20世纪30—40年代，中国共产党领导的苏区、解放区，重视文化教育事业及移风易俗，进而谱写了现代礼仪的新篇章。

8. 当代礼仪（中华人民共和国成立至今）

1949年10月1日，中华人民共和国宣告成立，中国的礼仪建设从此进入一个崭新的历史时期。社会主义社会的礼仪，既继承和弘扬了中华民族的传统美德，又学习和吸收了世界其他国家和民族的先进礼仪。改革开放以来，随着中国同世界各国交流的增多，西方的礼仪文化迅速传入我国，我国礼仪规范又增加了许多新的内容，更加符合国际惯例的要求。我国现代礼仪是在中国传统礼仪的基础上，取其精华，去其糟粕，继承和发扬了中华民族在礼仪方面的优良传统，具有时代特点的礼仪规范，又是适应改革开放，在新的层次上同国际礼仪接轨，符合国际通行原则的礼仪规范。

课后作业

请简要论述作为当代大学生学习礼仪的重要性。

第二章　形象礼仪

🌸 **学习目标** 🌸

1.了解形象礼仪的要求及规范做法；

2.结合自身特点修饰、美化自己的仪容；

3.结合自身特点选择适合的发型。

人与人之间第一次见面形成的第一印象，即"首因效应"，其在整个交往中的作用达75%以上。英国谚语"你永远没有第二次机会给人留下第一印象"，恰恰也强调了外在仪容仪表这一"首因效应"的重要性。而《论语·尧曰》中"君子正其衣冠，尊其瞻视，俨然人望而畏之"的记载，也表述了孔子对君子的外在形象的要求，首先应该衣帽齐整，再就是观看事物时的目光要正。这样一种庄重严肃的仪态，就会让人生出敬畏之心。

第一节　正容体，齐颜色

《礼记·冠义》说："礼义之始，在于正容体、齐颜色。"中国的传统礼仪最主要的特点就是讲究"敬"，并以敬为指导，贯穿于所有的礼仪中。一个有良好修养的人，在公共场合，一定是体态端正、服饰整洁、表情庄敬、言辞文雅。这既是内在修养的表露，也是对他人的尊敬。

一、形象的重要性

从心理学角度来看，形象就是人们通过视觉、听觉、触觉、味觉等各种感觉器官在大脑中形成的关于某事物的整体印象，就是知觉，即各种感觉的再现。有一点认识非常重要：形象不是事物本身，而是人们对事物的感知，不同的人对同一事物的感知不会完全相同，因为其正确性受到人的意识和认知过程的影响。由于意识具有主观能动性，因此事物在人们头脑中形成的不同形象会对人的行为产生不同的影响。个人的外在形象是商务活动中的第一张名片，良好的形象和得体的谈吐能直接促进商务交往的顺利进行。所以，你要成功，就要从你的形象开始。

1. 得体地塑造和维护个人形象，会给初次见面的人以良好的第一印象。

个人形象包括发型、着装、表情、言谈举止、待人接物、女士的化妆及饰品等。要想给人以好感，得体地塑造和维护个人形象是很重要的。职场上，基本无论男女均可穿商务套装，要以高雅的穿着作为工作服。

2. 个人形象是人与人之间沟通的桥梁，也影响着个人的发展。

俗话说"人靠衣服马靠鞍"，商业心理学研究告诉我们，人与人之间的沟通所产生的影响力和信任度，来自语言、语调和形象三个方面。它们的重要性所占比例是：语言占7%；语调占38%；视觉（即形象）占55%，由此可见形象的重要性。你的形象就是你自己的未来，在当今竞争激烈的社会中，一个人的形象远比人们想象的更为重要。个人形象应该为自己增辉，当你的形象成为有效的沟通工具时，那么塑造和维护个人形象就成了一种投资，长期持续下去会带来丰厚回报，让美的价值积累，让个人消费增值。没有什么比一个人许多内在优点都没有机会展示，没领到通行证就被拒之门外损失更大了。

3. 个人形象不是个人性的，它承担着别人对一个组织的印象甚至影响组织发展。

个人形象在很大程度上影响着组织的发展，这是显而易见的。你的形象、我的形象加起来就等于一个组织的整体形象；不仅如此，你的能力、我的能力加起来就等于一个组织的综合竞争力。组织形象的彰显是在个人身上表现出来的，可以说个人形象直接影响组织的形象。只有当一个人真正意识到个人形象与修养的重要性，才能体会到个人形象带来的机遇有多大。

总之，给上司、同事、商务伙伴和客户以专业稳重的个人印象是至关重要的。在出门上班前，正确地选择服装、发式，注意自身的言谈举止，对你的工作绝对有加分的效果。

二、仪容礼仪

仪容，通常是指人的外观、外貌。在人际交往中，每个人的仪容都会引起交往对象的特别关注。仪容包括头发、面容等暴露在服装之外的部分，要求兼具自然美、修饰美，进而达到美好的内在修养与外在美的自然融合。

《礼记·玉藻第十三》这样要求君子的仪容："君子之容舒迟，见所尊者齐遬（速），足容重，手容恭，目容端，口容止，声容静，头容直，气容肃，立容德，色容庄，坐如尸，燕居告温温。凡祭，容貌颜色，如见所祭者。丧容累累，色容颠颠，视容瞿瞿梅梅，言容茧茧。戎容暨暨，言容詻詻，色容厉肃，视容清明。立容辨，卑毋诌，头颈必中。山立时行，盛气颠实，扬休玉色。"意思是：君子的仪容从容娴雅，见到尊长要迅速迎侍，举步要稳重，抬手要恭敬，目不斜视，口不妄言，声不粗厉，头不偏斜，呼吸平静，站立时应是俨然有德的气象，面色要庄重，坐要如尸一般的端正，闲处支使人时态度和蔼可亲。参加祭祀，容貌脸色要像看见所祭的人那样。服丧时显出瘦病疲惫的样子，脸上显出忧思的神色，目光显得模糊不清，说话显出声气细微的样子。在军中要显出果敢坚毅的样子，说话庄重，表情严厉，眼神明察秋毫。站立时要显出谦卑而不诌媚，头颈必须端正，稳重如山，该行动时才行动，盛气充满体内又如阳光一样明媚，脸色温润如玉。

《礼记》的上述要求，几乎涉及人体的每一个部分和人生所处的各种环境。归结到一点上，就是要"正"，内外都要正：在外形上，头、眼光等都要很正；内在的德行也要很正。如果内在的气和身体的各部分都是正的，就是最佳状态。正所谓"内正其心，外正其容"（宋欧阳修《左氏辨》）。中国人的仪容讲究的不单单是外在的干净整洁，更讲求的是内外和谐一致，正所谓"相由心生"。现在当然不同于《礼记》的时代，但时刻不忘对自己仪容进行必要的修饰和整理，适应各种环境气氛，既是对他人的尊重，也是对自己的尊重。

（一）发型的修饰

常言道"一头映半身"。头发是衬托面容形象的框架，发型的改变可以改变整个头部的造型。也就是说，头发的多少、发质的好坏、颜色的深浅以及发型形成的状态与变化，都会给一个人的脸型与面容，甚至情绪与个性的塑造带来较大的影响。每一个维护个人形象的人，都要从"头"做起。对于发型，基本要求是：干干净净、整整齐齐、长短适当、大方得体。

1. 勤梳洗，常打理

要经常洗头，保证头发不粘连、不板结、无发屑、无汗味。尤其在秋季要对头发精心保养，因为这一时节会出现皮屑增多、脱发和断发等现象，如果发现发梢枯黄分叉时，必须及时修剪。

2. 选择合适发型

商务场合对发型的基本要求是简单大方，与自己的身份、岗位、工作环境相适应。如图2-1所示发型修饰效果。与着装一样，发型的选择也要注意其风格与时间、地点、场合的协调（即TPO原则），从事不同职业的人，可以有不同的发型风格。

发型从礼仪与审美的角度看，受到若干因素的制约，商界对头发的长度大都有明确的限制：女士头发不宜长过肩部，必要时应以盘发、束发作为变通；男士基本要做到"前不覆额，侧不掩耳，后不及领"的"三不"原则。

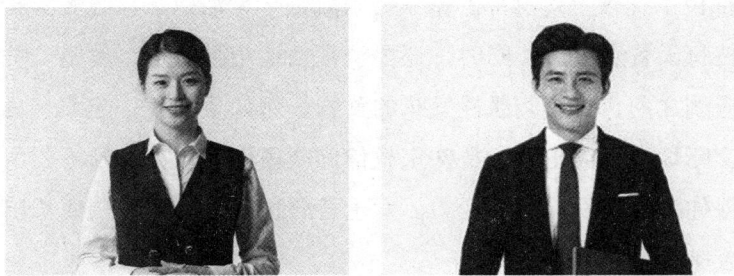

图 2-1　发型修饰效果

（二）面容的修饰

在社交公共场合与人打交道，面部的清洁与修饰非常重要，整洁明朗、容光焕发的面部会给对方留下良好的第一印象，为双方的进一步沟通、交流与合作创造良好的开端。

1. 面部的清洁与护理

华夏之礼仪讲究内心的诚敬，以洁净的体貌表达虔诚的礼敬之心。礼是从端正容貌和服饰开始的，体态端正、服饰得体才能得到他人的尊敬与信赖。一系列动作，紧密衔接，设计合理、不得颠倒、缺略。如此规范，旨在培养严谨的人生态度，不如此，则不得面对社会、面对新一天的生活。

脸部。要做到仪容整洁干净，就要注意细节的修饰和长年累月的不懈坚持。脸部有灰尘、污垢，呈现油腻状态，难免会让人产生又脏又懒的感觉，因此，要保持面部的润泽光洁，基础护肤必不可少，基础护肤品一般包括洗面奶、柔肤水（爽肤水）、乳液和防晒霜（乳）等。通常一天两次即可，若皮肤偏油性，则可增加洗脸次数，让脸部皮肤达到最佳效果。

眼睛。眼屎给人的印象很不雅，应及时将其清除。眉毛也要进行定期的打理，但是不要剃去所有的眉毛。此外，戴眼镜不仅要美观舒适，还要根据职业、场合、脸型、肤色的差异进行调整，而且还应随时对其进行清理，保持镜面的干净。

耳朵。耳垢虽然不易被看到，不过却不要忘记对其进行清理，但不要在外人面前这么做，因为这是非常不礼貌的行为。

鼻子。在人际交往过程中，偶尔有一两根鼻毛露出，极易破坏他人对自己的印象，因此应当注意时常检查和修剪鼻毛，但当众抠挖鼻孔的行为是非常不雅的。此外，还应保持鼻腔的清洁，以及鼻部周围皮肤的光洁。

嘴及其他部位。礼仪上对嘴部的基本要求就是牙齿洁白，口腔无异味。要做到这一点，就需要坚持每天餐后漱口，同时，还要经常性地用漱口水、牙签、洗牙等方式保护牙齿。在重要应酬之前，带有刺激性气味的食物，例如葱、蒜、韭菜、臭豆腐等，是禁止食用的。在交际场合，男士若无特殊宗教信仰或民族习惯，最好不要留长须，应经常剃须，让人觉得你容光焕发、充满活力。女士若唇边因内分泌失调而长出类似胡须的汗毛，则应及时治疗清除。

2. 女士面部的修饰

女性化妆是一种礼仪，尤其是职场女性必须要化妆，而且是淡妆，这是女性社交礼仪最基本的一点。

（1）选择合适的妆容。得体的妆容会为个人形象加分，那么何为得体？首要的一点就是要符合你所在的场合与你的角色。

日常妆容要亲和，对职场妆容的要求是既时尚好看，又不能过于有攻击性，此外，还要保证工作半天后还能够保持光鲜。所以，妆容要亲和，大方得体，在颜色选择上可以温暖多元，且对持久度要求更高。

会客妆容要干练，无论是面见客户或者是在公司会议，对职场女性的妆容都有着更高的要求。在老板和客户面前要凸显个人气质，留给对方一个深刻印象，是他们对你工作信任的第一步，所以，一个干练的形象必不可少。

酒会妆容尽显女人风情，酒会是非常重要的一种职场社交场合，也是对职场女性仪态的最重要考验。对酒会妆容的要求就是既不能太过于艳丽，又不能有失于酒会的气氛，所以，色彩的灵活运用在这里便可以发挥特长。

（2）打造完美的妆容。化妆可以增添自信，缓解压力，对交往的对象表示礼貌和尊重。职业女性的化妆受到职业环境的制约，应给人一种专业性、责任性、知识性的感觉，以表现其秀丽、典雅、干练、稳重的形象。

（三）双手及指甲的修饰

手臂是人际交往中动作最多的一个部位，但由于个人生理条件的差异，可能会存在手臂上汗毛长得过长、过浓等情况，有碍观瞻，因此最好采取适当的方法进行脱毛。此外，根据现代人着装的具体情况，腋毛是不应该为对方所见的，特别是女性更要注意这一点。在正式场合，不要穿会让腋毛裸露在外的服装，而在非正式场合，穿无袖的服装，则务必先行剃去腋毛。

在各种交往活动中，向他人伸出一双温暖、洁净的手是最基本的礼仪要求，能显示出一个人良好的修养。日常生活中，要勤洗手，重点清洗指甲缝等，洗完手后切勿将水珠随意抖到他人身上，洗后要及时涂抹护手霜，对指甲周围的死皮要进行定期修理。指甲要注意经常清理和修剪，甲缝中不能留有污垢，指甲的长度不应超过手指指尖，但注意不要在公众场合修剪指甲。此外，常见的甲型有方形、方圆形、椭圆形、圆形几种，可根据个人的手型与喜好修剪出完美的甲型。

另外，对女性来说，除了注意以上要求之外，还要注意指甲油的选择。从色系上来看，肤色偏黑的女性适合选择暗色系指甲油，皮肤白皙的女性则适合亮色或者无色透明的指甲油，但是在商务场合指甲油的颜色不要太过于亮丽。

（四）腿部的修饰

在正常情况下，应注意保持腿部的卫生，鞋子、袜子要勤洗勤换。在正式场合，男士的着装禁止暴露腿部，女士不得穿短裤或者暴露大部分大腿的超短裙。在正式场合，女士的裙子长度应在膝盖以下，不允许光着大腿，尤其不允许将光着的大腿暴露于裙子之外。

三、仪表礼仪

仪表是指人的外表，也称人的外在形象，通常包括人的服饰、个人卫生、姿态等方面。仪表是一个人内心世界和修养的外在表现，体现出一个人的道德素养、教育程度和志趣品位，也反映了时代的特点和一个国家、民族的精神风貌。

英国作家莎士比亚曾说："一个人的穿着打扮，就是他的教养、品位、地位的最真实的写照。"在日常工作和交往中，尤其是在正规的场合，穿着打扮的问题正引起越来越多的人的重视。服饰本身就是一种礼仪，它与自己所扮演的社会角色和从事的社会活动密切相关。在职场中，合适的穿着不仅是一种仪态美的表现，更是个人形象的标签名片，也体现对别人的尊重。

（一）着装的原则

服装是一种无声的语言，对职场人士来说，如何着装可从一个侧面真实地传递出一个人的修养、气质、个性与追求。要使个人形象富有神韵和魅力，应遵循以下原则：

1. TPO原则

时间（Time）原则，要求着装要随"时"更换，一年的春夏秋冬以及人生的不同阶段，着装都要有相应的变化与调整。

地点（Place）原则，由于地方、场所、位置的不同，着装也应有所改变，确保能够与环境搭配一致。

场合（Occasion）原则，着装一定要与特定的场合一致，符合当时的气氛，这样才能产生和谐审美的效果，实现人景相融的最佳状态。

2. 整洁性原则

"衣冠不求华美，唯需整洁"。无论何时，着装都要求讲究干净、整洁。首先，着装要烫熨服帖，时刻保持整齐；其次，着装应当完好无损，不能又残又破；再次，着装要保持干净，不能又脏又臭令人生厌；最后，衣服要勤于换洗，保持卫生，不能有污渍、油迹、体味和汗味。

3. 整体性原则

着装应当统筹考虑、精心搭配。首先，着装要恪守服装本身约定俗成的搭配；其次，要使服装各部分相互适应，局部服从整体，力求展现着装的整体美、全局美。

4. 三色原则

所谓"三色原则"，是指全身上下的衣着，应当保持在三种色彩之内。这一原则是在国外经典商务礼仪规范中被强调的，国内著名的礼仪专家也多次强调。简单说来就是指男士在正式场合穿着西装时，全身颜色色系必须限制在三种之内，否则就会显得不伦不类，失之于庄重和保守。

5. 个性原则

每个人都有自己的个性特征，在衣着方面也是如此。着装要求根据自身特点，做到

"量体裁衣"，扬长避短。另外，着装要在保持正常风格的情况下再创造风格，打造与众不同的自己，但是，个性并不是一味地追求时髦、随波逐流，那样只会使自己显得毫无个性。

总之，我们可以依个人的性格、年龄、职业、喜好、身材等要素进行服饰搭配，扬长避短，展现个人独特的魅力。在职场中，我们应根据实际情况，按照体现理性、彰显效率、具有合作感、展现个人魅力的要求来进行穿搭。具体在穿搭过程中还应注意以下细节：

服饰元素	要	不要
色彩	适度鲜艳、明暗配色	杂乱、两个以上大块鲜艳色
款式	合体、简洁、直线造型为主	松垮、繁复
面料	挺括、紧致、平顺	薄软、稀疏、粗糙
图案/装饰	简洁、规则、含蓄、精致	杂乱、夸张

（二）男士西装的着装要求

西装是公认的国际服装，因其具有系统、干练、理性的风格，所以成为当今国际上最标准、最通用的礼服。一般来说，西装的着装要求如图2-2所示。

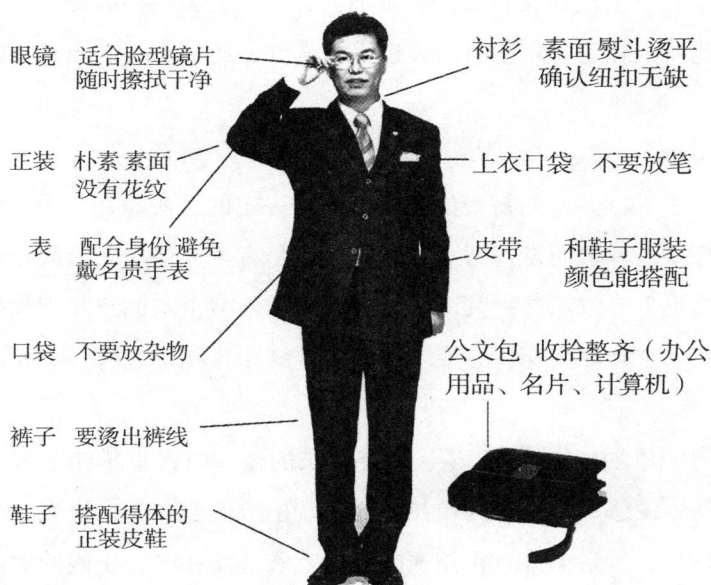

图2-2　西装的着装要求

根据西装礼仪的基本要求，商界男士在穿西装时，要特别注意图2-3所示的七个方面的注意事项。

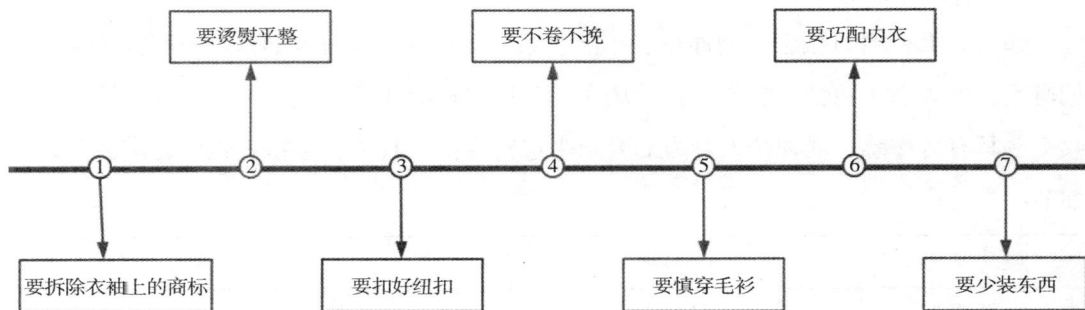

图 2-3　男士西装着装注意事项

1. 要拆除衣袖上的商标

在西装上衣左边袖口处，通常会缝有一块商标。有时，那里还同时缝有一块纯羊毛标志。在正式穿西装之前，切勿忘记将它们拆除。这种做法，等于是对外宣告该套西装已被启用。假如西装穿过许久之后，袖子上的商标依旧停留于原处，好似有意以此招摇过市一样，难免会见笑于人。

2. 要熨烫平整

要使一套穿在身上的西装看上去美观而大方，首先就要使其显得平整而挺括，线条笔直。要做到此点，除了要定期对西装进行干洗外，还要在每次正式穿着之前，对其认真熨烫。

3. 要扣好纽扣

穿西装时，上衣、背心与裤子的纽扣，都有一定的系法。在三者之中，又以上衣纽扣的系法讲究最多。一般而言，站立之时，特别是在大庭广众之前起身而立之后，西装上衣的纽扣应当系上，以示郑重其事。就座之后，西装上衣的纽扣则大都要解开，以防其"扭曲"走样。唯独在内穿背心或羊毛衫，外穿单排扣上衣时，才允许站立之际不系上衣的纽扣。

（1）上衣纽扣的扣法。通常，系西装上衣的纽扣时，单排扣上衣与双排扣上衣又有各不相同的具体做法。系单排两粒扣式的西装上衣的纽扣时，讲究"扣上不扣下"，即只系上边那粒纽扣。系单排三粒扣式的西装上衣的纽扣时，正确的做法则有二：要么只系中间那粒纽扣，要么系上面那两粒纽扣。而系双排扣式西装上衣的纽扣时，则可以系上的纽扣一律都要系上。

（2）西装背心纽扣的扣法。穿西装背心，不论是将其单独穿着，还是穿着它同西装上衣配套，都要认真地扣上纽扣，而不许听任其自由自在地敞开。在一般情况下，西装背心只能与单排扣西装上衣配套。它的纽扣数目有多有少，但大体上可被分作单排扣式与双排扣式两种。根据西装的着装惯例，单排扣式西装背心最下面的那粒纽扣应当不系，而双排式西装背心的全部纽扣则必须无一例外地统统系上。

（3）西裤纽扣的扣法。目前，在西裤的裤门上"把关"的，有的是纽扣，有的则是拉链。一般认为，前者较为正统，后者则使用起来更加方便。不管穿以何种方式"关门"的西裤，都要时刻提醒自己，将纽扣全部系上，或是将拉链认真拉好。参加重要活动时，还须随时悄悄地对其进行检查，西裤上的挂钩，亦应挂好。

4. 要不卷不挽

穿西装时，一定要悉心呵护其原状。在公共场所，千万不要当众随心所欲地脱下西装上衣，更不能把它当作披风一样披在肩上。需要特别强调的是，无论如何，都不可以将西装上衣的衣袖挽上去，否则，极易给人以粗俗之感。在一般情况下，随意卷起西裤的裤管，也是一种不符合礼仪的表现。

5. 要慎穿毛衫

商界人士打算将西装穿得有"型"有"味"，除了衬衫与背心之外，在西装上衣之内、衬衫之外最好不要再穿其他衣物。在冬季寒冷难忍时，只宜暂作变通，穿上一件薄型"V"领的单色羊毛衫或羊绒衫，这样既不会显得花哨，也不会妨碍自己打领带。不要去穿色彩、图案十分繁杂的羊毛衫或羊绒衫，也不要穿扣式的开领羊毛衫或羊绒衫。后两者的纽扣不少，与西装上衣同时穿，令人眼花缭乱。千万不要一下子同时穿上多件羊毛、羊绒的毛衫、背心，甚至再加上一件手工编织的毛衣。那样一眼望去，领口之处会如不规则的"梯田"一样难看，还会使西装鼓胀不堪，变形走样。

6. 要巧配内衣

西装的标准穿法，是衬衫之内不穿棉纺或毛织的背心、内衣。至于不穿衬衫，而以T恤衫直接与西装配套的穿法，则更是不符合规范的。因特殊原因，而需要在衬衫之内再穿背心、内衣时，有以下三点注意事项。

（1）数量上以一件为限。要是一下子穿上多件，则必然会使自己显得臃肿。

（2）色彩上宜与衬衫的色彩相仿，至少不应较衬衫的色彩为深，免得令二者"反差"鲜明。在浅色或透明的衬衫里面穿深色、艳色的背心、内衣，则更易于招人笑话。

（3）款式上应短于衬衫。穿在衬衫之内的背心或内衣，其领型以"U"领或"V"

领为宜，在衬衫之内最好别穿高领的背心或内衣，不然在衬衫的领口之外很可能会露出一截有碍观瞻的"花絮"。此外，还须留心，别使内衣的袖管暴露在别人的视野之内。

7. 要少装东西

为保证西装在外观上不走样，就应当在西装的口袋里少装东西，或者不装东西。对待上衣、背心和裤子均应如此。要是把西装上的口袋当作一只"百宝箱"，用乱七八糟的东西把它塞满，无异于是在糟蹋西装。具体而言，在西装上，不同的口袋发挥着各不相同的作用。

对于西装上衣，左侧的外胸袋除可以插入一块用以装饰的真丝手帕，不准再放其他任何东西，尤其不应当别钢笔、挂眼镜。内侧的胸袋，可用来别钢笔、放钱夹或名片夹，但不要放过大过厚的东西或无用之物。外侧下方的两只口袋，则原则上以不放任何东西为佳。对于西装背心，口袋多具装饰之功能，除可以放置怀表之外，不宜再放别的东西。对于西装裤子，两只侧面的口袋只能放纸巾、钥匙包或者零钱包。其后侧的两只口袋，则大都不放任何东西。

（三）女士职业装着装要求

俗话说"男穿牌子，女穿样子"，女士在穿着上比男士有更多的选择与变化，女性的服装比男性的更具有个性。合体、合意的服饰会增添女士的自信。职业装的选择要领如下。

1. 应确定自己适合哪一种色彩类型

一般来说，中性色是职业装的基本色调，如白（乳白等）色、黑色、米色、灰色、藏蓝、驼色等。春季可用较深的中性色，夏季可用较浅的中性色。根据不同场合、不同时间，选择不同色彩与之相配，这样就能迅速判断所选衣服是否符合需要，是否与自己衣柜里其他衣服色彩协调。

2. 应确定自己的最基本选择

据统计，裙装最受职业女性青睐。每位职场女性几乎都有几套直裙配上衣套服，能应付各种场合的需要，再根据自己的生活习惯做些调整，这样就会避免漫无目的地选购造成经济损失。

3. 服装面料颜色应与环境协调

女性职业装的质地应尽可能考究，色彩应纯正，不易皱褶。服装应以舒适、方便为主，以适应整日的工作强度。办公室服饰的色彩不宜过于夺目，以免干扰工作环境，影响整体工作效率。应尽量考虑与办公室的色调、气氛相和谐，并与具体的职业分类相吻合。暴露、花哨、反光的服饰是办公室服饰所忌用的，服饰款式的基本特点是端庄、简洁、持重和亲切。

4.衬衫应与套装颜色相搭

可以根据套装的颜色来选择衬衫。理想的领口是男式衬衫领，一颗纽扣可松开。理想的颜色是白色、米色、栗色、浅蓝色、中蓝色、黑色、浅灰色、铁锈色、可可色、浅褐色等。白衬衫因高雅、清晰而成为白领阶层最常用的衬衫。白衬衫的魅力在于其以不变应万变，任何颜色、任何款式均能与之搭配协调。

职场女性在正式场合以裙装为佳，其中套裙为首选，职业套装更能彰显女性的高雅与独特魅力。如图2-4所示。

图2-4　职业套装效果图

职业套裙应选择平整、挺括、光洁、不起皱、不起球的面料；色彩以冷色调为主，最佳颜色是黑色、藏青色、灰褐色、灰色和暗红色，当然精致的方格、印花条纹也是可以的，体现女性的典雅、端庄、稳重；造型有H型、X型、A型、Y型，可根据身形特点与职业场合需要来进行选择。

女士职场衬衫可选择真丝、麻纱、纯棉材质，色彩要求雅致端庄，但不失女性妩媚；衬衫色彩要与套裙的色彩协调，外深内浅或者外浅内深，形成深浅对比；衬衫下摆要掖入裙腰里，纽扣要一一系好，不可在外人面前脱下上衣。

鞋以高跟或半高跟牛皮鞋为宜，颜色以黑色或裸色为首选，夏季鞋子在选择时要记住正式场合应选择"前不露脚趾，后不露脚跟"的鞋子；切忌光脚，长筒袜或连裤袜以肉色为首选，袜口不能露在裙摆或裤脚外边（忌三截腿），袜子不可随意乱穿，渔网袜、破洞袜、蕾丝袜在商务场合是坚决不能穿的。

此外，女士在商务场合搭配的配饰要做到：整体协调、数量适当、同色同质、扬长避短、做工精致。

四、仪态礼仪

任何民族的礼仪中，都有用肢体动作来表达敬意的礼节。内心对他人的敬重不容易被人了解，为了沟通彼此的情感，需要一定的形式表达，而肢体动作是语言之外最常用的礼仪形式。恰当的肢体语言配合礼节，可以体现我们友善、博爱、尊重他人的美好品质。这里我们所说的仪态包括身体姿态、神态表情、动作举止。仪态是人的另外一张名片，体现了一个人的风度与修养，是表现个人魅力的重要方面。

（一）站姿礼仪

站姿是生活静态造型的动作，优美、典雅的站姿能够衬托出一个人美好的气质与风度。古人主张"站如松"，这说明良好的站立姿势应该让人有挺拔、干练的感觉。

标准的站姿，从正面观看，全身笔直，精神饱满，两眼正视，两肩平齐，两臂自然下垂，两脚跟并拢，两脚尖张开60°，身体重心落于两腿正中；从侧面看，两眼平视，下颌微收，挺胸收腹，腰背挺直，手中指贴裤缝，整个身体庄重挺拔。好的站姿，可以让身体各个关节受力比较平均，不会特别弯曲，以免某些特定关节承担大部分重量。而且当你抬头挺胸时，胸口会变得开阔，呼吸也会顺畅，身体得到足够的氧气，精神、注意力都会比较容易集中。所以好的体态，不是只为了美观而已，对健康也是非常重要。根据场合的不同，在基本站姿的基础上可以变化出不同姿态，如图2-5所示。

图2-5　常见站姿

（二）坐姿礼仪

坐姿是一种可以维持较长时间的工作劳动姿态，也是一种主要的休息姿势，更是人们在社交、娱乐中的主要身体姿势。良好的坐姿不仅有利于健康，而且能塑造沉着、稳重、文雅、端庄的个人形象。坐姿的种类大致有标准式、斜放式、重叠式、斜挂式等，如图2-6所示。

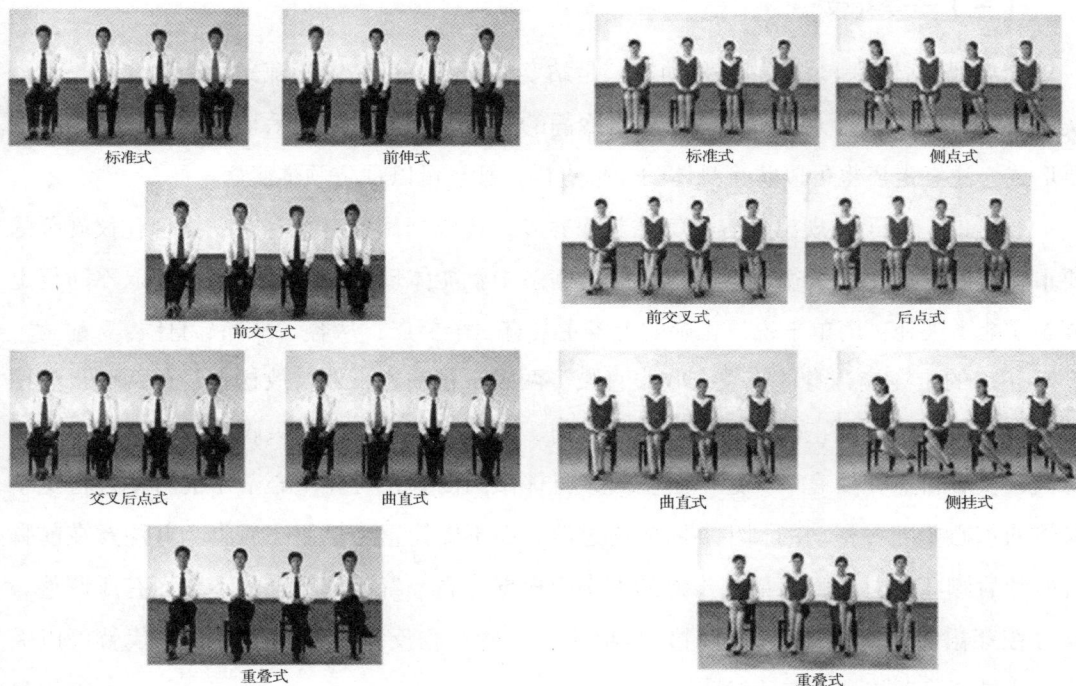

标准式　　　　　　　　前伸式　　　　　　　　标准式　　　　　　　　侧点式

前交叉式　　　　　　　前交叉式　　　　　　　后点式

交叉后点式　　　　　　曲直式　　　　　　　　曲直式　　　　　　　　侧挂式

重叠式　　　　　　　　重叠式

图 2-6　常见坐姿

标准坐姿要领如下：

1. 坐姿优雅。落座时，要轻缓，尽量保持上身正直，身体重心垂直向下；腰部挺起，脊柱向上伸直，胸部向前挺，双肩放松平放，躯干与颈、髋、腿、脚正对前方；双腿平行，与地面垂直呈90度；将手自然放在双膝上。

2. 位置恰当。落座后，应该坐到椅子的三分之二处，一般不要把椅子坐满，也不可坐在椅子边沿上。

3. 表情自然。入座后，双目平视，表情自然，与人交流过程中目光专注，不左顾右盼。

4. 注意禁忌。坐时切不可前俯后仰，摇腿跷脚；忌半躺半坐；不可将脚跨在椅子或沙发扶手上，或架在茶几上。

此外，入座要轻缓，最好从座椅的左侧进入，右侧离座。女性着裙装入座时，应用双手将裙后片向前拢一下，让人感受到女性的端庄娴雅。入座后，坐姿端正，不托腮，不频频离席。离座时，如与客人同时离席，不要先于客人起身离座，动作轻缓，不要弄响座椅，或者将椅垫等弄到地上。

（三）走姿礼仪

走姿是人体所呈现出的一种动态，是站姿的延续，也是内心谦卑诚挚的体现。走姿文雅、端庄，不仅给人以沉着、稳重、冷静的感觉，而且也是展示自己气质与修养的重要形式。注意走姿也可以防止身体的变形走样，甚至可以预防颈椎疾病。

行走时，除了体现出从容的气质与修养外，还应当做到有礼有节，符合礼仪规范的要求。因此，一个人的德行教养，从行走姿态中就能体现出来，不同场合采取不同行走姿态才能不失礼。简单来说，正确的走姿主要有三个要点：从容、平稳、直线。

正确的走姿应当身体直立、收腹直腰、两眼平视前方，双臂放松在身体两侧自然摆动，脚尖微向外或向正前方伸出，跨步均匀，两脚之间相距约一只脚到一只半脚，步伐稳健，步履自然，要有节奏感。起步时，身体微向前倾，身体重心落于前脚掌，行走中身体的重心要随着移动的脚步不断向前过渡，而不要让重心停留在后脚，并注意在前脚着地和后脚离地时伸直膝部。步幅的大小应根据身高、着装与场合的不同而有所调整。女性在穿裙装、旗袍或高跟鞋时，步幅应小一些；相反，穿休闲长裤时步伐就可以大些，凸显穿着者的靓丽与活泼。

标准走姿要求如下：

1. 姿态要端正。行走姿态是一个人内心品行和修养的直接反映。走路得体大方，步态平稳协调，步幅适中，步速均匀，也能展现出一个人的动态之美。行走时，身体要正对前方，两眼向前平视，微收下颌，面带微笑。双肩平稳，收腹挺胸，腰背挺直，不能弯腰驼背，两臂自然摆动，摆幅在30—35度为宜。腿部伸直，行走时两脚内侧落于同一条直线上，步幅适中，一般为前脚脚跟与后脚脚尖相距一脚的长度。这样行走可以体现出端正严肃的气质。我们可以根据服装、场合等因素适当调整行走姿态。女性在穿高跟鞋时尤其要注意膝关节的挺直，否则会给人"登山步"的感觉，有失美观。男性走路时，腰部应稍用力，收小腹，臀部收紧，背脊要挺直，抬头挺胸，切勿垂头丧气。气要平，脚步要从容和缓，要尽量避免短而急的步伐，鞋跟不要发出太大声响。

2. 准则要遵守。独自行走时，保持适当速度靠右行走，将左侧留给急行的人，不挡道；多人行走遵循两人成行、三人成列的原则，不能三人以上并排行走。两人并行的时候，右者为尊；两人前后行的时候，前者为尊；三人并行，中者为尊，右边次之，左边更次之；三人前后行的时候，前者就是最为尊贵的。在行路时，遇到不同的人有不同的礼仪要求。与兄长同行，应并排行走并且稍微靠后，按照年龄次序依次行走，即使是同辈朋友，行走时也要注意礼让，不可争先。路遇与自己父亲年龄相仿的长者，应当礼让，请对方先走；路遇老师则要快步上前，与老师打招呼问好，不得散漫随意、吊儿郎当，只有这样才能显得庄重、恭敬。

3. 行走有风度。行走时，除了体现从容的气质与修养之外，还应当谦逊有礼，做到有礼有节，不可倨傲。男女同行的时候，男士应该主动走在靠近街心的一边，让女士靠自己的右侧行走。恋人同行，不要勾肩搭背、搂搂抱抱，女士只能轻挽住男士手臂。街上行走时，随带物品最好提在右手上，靠右行，不影响其他行进的路人。若与同龄男士同行，物品可由男士代劳拿着。

4. 约束不良行为。行走时不要吃食物，不随地吐痰，不要吸烟。不要在路上久驻攀谈或是围观看热闹，更不能成群结队在街上喧哗打闹。在校园或者街道行走，路线应尽量呈直线。如果不是寻找失物，就不要在行进中左顾右盼、东张西望。路过民房时，不可东张西望，窥视私宅，更不要随意或突然变换方向，不仅有失体态，更会危及安全。走路要走大路，不能贪图省时省力抄小路。步行要走人行道，行人靠右，并且让出盲道。过马路宁停三分，不抢一秒，走人行横道、天桥或地下通道，切忌图快捷翻越绿化带、隔离栏，以免发生交通事故。

（四）蹲姿礼仪

蹲姿是人处于静态时的一种特殊体位。日常生活中，若需要俯身捡拾在地上的物品时，就要采取蹲姿。与站姿、坐姿、走姿一样，蹲姿也有其相应的礼仪要求。基本蹲姿要求如下：

1. 下蹲拾物时，应自然、得体、大方，不遮遮掩掩。

2. 下蹲时，两腿合力支撑身体，避免滑倒。

3. 下蹲时，应使头、胸、膝关节在一个角度上，使蹲姿优美。

4. 女士无论采用哪种蹲姿，都要将腿靠紧，臀部向下。

常见的蹲姿有高低式蹲姿和交叉式蹲姿。其中，高低式蹲姿要领：下蹲时一脚在前，一脚在后，两腿向下蹲。前脚全着地，小腿基本垂直于地面；后脚脚跟提起，脚尖着地。女性应靠紧双腿，男性则可适度地将其分开，臀部向下，基本上以后腿支撑身体。如图2-7所示。交叉式蹲姿要领：下蹲时，右脚在前，左脚在后，右小腿垂直于地面，全脚着地，右腿在上，左腿在下，二者交叉重叠；左膝由后下方伸向右侧，左脚跟抬起，并且脚掌着地，两脚前后靠近，合力支撑身体；上身略向前倾，臀部朝下。交叉式蹲姿通常适用于女性，尤其是穿短裙的人员，其特点就是造型优美典雅。如图2-8所示。

图 2-7 高低式蹲姿　　　　　图 2-8 交叉式蹲姿

第二节　谦称己，恭对人

人与人之间进行沟通与交流，首先面临的就是称呼问题。称呼最关键的是要分清敬辞和谦辞，按照"自卑而尊人"的原则，以敬辞称呼对方，以谦辞称呼自己或家人。其次要注意交谈的礼貌用语。语言有雅俗之分，同样一件事，使用语言不同，得到的效果大相径庭。我国传统的交际语言以优雅、精练著称，在不同的谈话场合面对不同的谈话对象，都有不同的表达方式。学习雅言敬语，不仅可以培养"自卑而尊人"的君子气象，而且可以引导我们接近经典，逐渐内化为我们的书卷之气，涵养德行，变化气质。

一、称谓用语，自谦敬人

称呼也作称谓，是人们在日常交往中所用的称谓语，既反映着自身的教养，又体现着对他人的重视程度，有时甚至还可以体现出双方关系发展的程度。因此选择称呼要合乎常规，要做到庄重、正式、规范。称呼礼节正是一个人的修养、情感和智商的完全表现。

（一）尊称

尊称是对别人采用恭敬的称呼，以表示敬重的感情。在古代，尊称的说法最重要的来源之一，就是把对方的官衔或者爵位当作称谓。比如说，"君"原本指天子或国君，一国的最高执政者被称为国君。后来，人们把一家之主称为"家君""府君"，称已经故去的父亲为"先君"，妻子称丈夫为"夫君"。作为称谓的"君"被人们广泛使用，后来甚至成为表示敬意的第二人称代词。我们现在所说的尊称一般是对上级、长辈、客人的称呼，常见的称谓方式包含以下几种情况。

1. 职务性称呼

在工作中，以交往对象的行政职务相称，以示身份有别并表达敬意，是公务交往中最为常见的。在实践中，它具体又可分为三种情况：

一是仅称行政职务，例如，部长、经理、主任等，适用于熟人之间。

二是在行政职务前加上姓氏，例如，谭董事、汪经理、李秘书等，适用于一般场合。

三是在行政职务前加上姓名，例如，王唯一董事长、滕树经理、林荫主任等，多见于极为正式的场合。

2. 职称性称呼

对于拥有中、高级技术职称者，可在工作中直接以此相称。在有必要强调对方技术水准的场合，尤其需要这么做。通常可分为以下三种情况：

一是仅称技术职称，例如，总工程师、律师等，适用于熟人之间。

二是在技术职称前加上姓氏，例如，钱编审、严教授等，多用于一般场合。

三是在技术职称前加上姓名，例如，柳民伟研究员、何娟工程师等，常见于十分正式的场合。

3. 学衔性称呼

在一些有必要强调科技或知识含量的场合，可以学衔作为称呼，以示对对方学术水平的认可和对知识的强调。大体有下面四种情况：

一是仅称学衔，例如，博士，多见于熟人之间。

二是在学衔前加上姓氏，例如，侯博士，常用于一般性交往。

三是在学衔前加上姓名，例如，侯钊博士，仅用于较为正式的场合。

四是在具体化的学衔之后加上姓名，即明确其学衔所属学科，例如，经济学博士邹飞、法学学士衣霞等，此种称呼显得最为郑重其事。

4. 行业性称呼

在工作中，若不了解交往对象的具体职务、职称、学衔，有时不妨直接以其所在行业的职业性称呼或约定俗成的称呼相称。它分为下述两种情况：

一是以其职业性称呼相称。在一般情况下，常以交往对象的职业称呼对方。例如，可以称教员为老师，称医生为大夫，称警察为警官等。此类称呼前，一般均可加上姓氏或姓名。

二是以约定俗成的称呼相称。例如，对公司、服务行业的从业人员，人们一般习惯于按性别不同，分别称之为小姐或先生。在这类称呼前，亦可冠以姓氏或姓名。

5. 称谓前的敬称语

在大量的尊称中，有一类常见的称呼方式，就是在称谓前加一个"尊""贤""令"之类的表示尊敬、钦佩的形容词。"尊"字多用于长辈，如称对方的祖父为"尊祖"，称对方的父亲为"尊父"，称对方的母亲为"尊堂"。"贤"字多用于平辈和晚辈，如"贤兄""贤弟""贤妹"等，称夫妇为"贤伉俪"，称父子为"贤乔梓"等。"令"有美好的意思，被广泛运用在称谓上，如称对方的父亲为"令尊"或者"令尊大人"，称对方的母亲为"令堂"或者"令堂大人"，以此类推，称对方其余的亲属为"令伯""令叔""令兄""令弟""令妹"等。对对方的晚辈也是如此，如称对方的儿子为"令郎"，称对方的女儿为"令爱"或"令媛"。

6. 以卑达尊的称呼方式

中国人讲究论资排辈，为了表示不敢与尊长平起平坐、分庭抗礼，我们在称呼上使用尊称，来体现对对方的尊重。这样的称谓，人们最熟悉的是"陛下""殿下""阁下"等。人们尊称天子为"陛下"，并不是说天子就是陛下，而是委婉、谦卑的说法，表示自己只配与宫殿丹陛之下的当差人对话，再由他们转达给天子或者国君。"阁下"的用法与"陛下"相同。当然，在我们今天的生活中，"阁下"一词的使用范围越来越广，普通人之间也可以这么称呼，几乎可以与"你"替换使用。

（二）平称

平称是不表示尊卑的称呼，一般是对同辈、同级、下属的称呼。

1. 姓名性称呼

可以直呼其名，不呼其姓，通常限于同姓之间，尤其是上司称呼下级、长辈称呼晚辈，在亲友、同学、邻里之间，也可以如此称呼。只称呼姓，要在姓前加上"老""大""小"等前缀。在工作岗位上称呼姓名，一般限于同事、熟人之间。

2.性别性称呼

称呼"小姐""女士""先生"。对商界、服务业从业人员，一般约定俗成地按性别的不同分别称呼为"小姐""女士"或"先生"，也可以在称呼前加上姓氏，例如"张女士"等。"小姐""女士"二者的区别在于：未婚者称"小姐"，已婚者或者不明确其是否结婚者则称"女士"。

3.身份性称呼

在双方初识之时，并且处于一个团体时以身份、关系称呼比较合适，如"同学""驴友"等。

（三）谦称

谦称是一种谦卑的称谓，称呼自己及亲属、下属，通过抑己来表示对对方的尊重。这种形式是和敬语相对的称谓体系，一般适用于书面语言，或者对方的观念比较传统。使用谦语是为人低调、不张狂的表现。中国人使用自谦语的传统可谓源远流长。《道德经》说："是以侯王自称孤、寡、不谷。"古人认为只有德行出类拔萃的人才有资格居于王侯之位。"孤"和"寡"都是少的意思，王侯称孤道寡是谦称自己德行浅少、忝居高位。"谷"的意思是善，"不谷"就是不善。自称"不谷"，同样有自谦的意思。与此相类似的用法还有谦称自己的儿子为"犬子""贱息"。此外，当我们在与他人提及自己的父母时也要用谦称，通常是在称谓之前加一"家"字，如称自己的父亲为"家父""家君""家严"，称自己的母亲为"家母""家慈"。同样，对他人称呼自家的其他亲戚也是一样，如"家伯""家伯母""家叔""家叔母""家兄""家嫂"等。自称则可以加"愚"字，如"愚弟"。这里的"家"包含了自家的意思，千万不要画蛇添足，说成"我的家父""我的家母"。

二、表达准确，进退有度

（一）表达准确，善于倾听

语言表达的目的是实现人与人之间思想和感情的交流，表达者都希望对方能明白、理解和接受自己的意思。

1. 言之有"物",感情真挚

言之有"物"即交谈有具体内容,不讲空话、套话或含糊不清的话。要想把话说好、说贴切,充分发挥语言的表意功能,就要有丰富的词汇储备,精心选择最贴切、最恰当的词汇,正确地反映客观事物,真切地表达自己的思想感情。另外,讲话要简洁明了,不拖泥带水,把要表达的内容表达出来,不可画蛇添足。

2. 表达准确,内容真实

人际沟通中用词用句要准确,避免产生歧义;另外,沟通表述的内容一定要真实,不打诳语,虚假的信息会影响沟通的可信度,导致沟通失败。

3. 音量适中,语调平稳

"尊长前,声要低;低不闻,却非宜。"(《弟子规》)无论是说普通话、外语、方言,都要咬字清晰,音量要适度,语速要适中,以对方能听清楚为准,切忌大声说话;语调要平稳,尽量不用或少用语气词,使听者感到亲切自然。

4. 注意倾听,恰当回应

倾听是尊重和鼓励别人的特殊方式。"听君一席话,胜读十年书"。倾听是获取信息、开阔视野的重要途径;倾听是为自己争取主动的关键,在时机未到时选择倾听并保持沉默是一种"大智若愚"的智慧;倾听可增进彼此之间的理解与信赖;倾听可改善交流的气氛,有利于获得成功。在倾听时,要注意与对方进行目光、表情的交流,给对方恰当的回应。

(二)进退有度,举止得体

在面对面的沟通过程中,与语言沟通经常相伴的还有表情、手势、体态、空间距离等身体语言,身体语言很大程度上决定着沟通的效果。沟通过程中忌左顾右盼,忌表情呆滞,忌坐姿、手势放肆无礼;要目光端正,面带微笑。进退有度、举止得体是实现愉快高效沟通的基本条件。

【相关链接】

着装打扮显示文化素质

礼仪是高素质的表现。比如一个一米八几的小伙子,长得特帅,一身西服笔挺,你要看见他往地上吐口痰,还觉得帅吗?我当年在天津就看见过一个,我看到他十个手指满是戒指,要是谁跟他握握手,那不是给他上攒指刑吗?没文化啊!他那意思:我有钱。有钱没文化，这戒指能这么戴吗？戒指只戴在左手，每个含义都不一样的，小拇指代表独身，无名指代表订婚、结婚，中指代表热恋，食指代表求爱，大拇指代表扳指、黑社会老大。你五个指头都戴，你又要求婚，又要独身，还热恋，你不是有病吗？所以，不是说有钱就有文化。

　　有些女士首饰也不会戴。比如说，你本来是大圆盘子脸，却弄两个大圆耳环，脸一晃跟三张脸晃一样。还有的一只手戴表，一只手戴镯子，那镯子只能戴左手，你又不能都戴一块，所以你要戴镯子就不能戴表，这是规矩。还有人戴脚链，那脚得多漂亮才适合戴脚链？大肥脚丫子戴着干吗？还有不懂行的，她戴完脚链之后还穿上丝袜，你穿袜子时就要把那脚链给拿出来，否则别人一看还以为是静脉曲张。还有人喜欢穿皮拖，到哪儿都穿。皮拖属于拖鞋系列，拖鞋属于内衣系列。这一放大，就知道她错哪儿了。所以说文化太重要了。

（据金正昆礼仪演讲资料摘编）

课后作业

1.职场着装一般来说要注意哪些原则？

2.结合本章所学思考：在正式场合，当我们称呼别人及称呼自己的时候，有什么礼仪上的讲究，应该遵循怎样的原则？

第三章　沟通礼仪

☙ 学习目标 ☙

1.了解沟通的重要作用；

2.掌握有效沟通的基本要求；

3.在人际交往中锻炼沟通的技巧。

沟通礼仪又称联通礼仪。沟通不仅是与人交流，更重要的是为了解决问题。良性沟通是走向成功的必要条件。作为一个现代人，多掌握一些沟通的技巧，有助于建立良好的人际关系。说对话才能做对事，无论是在战略执行中，还是在商务谈判中，甚至同事关系的处理方面，必须以良好沟通为前提。如果你本身不善交流，那么就需要尝试改变沟通方式，掌握不同的沟通艺术有助于你的不断提升。

第一节　有效沟通，事半功倍

在社会活动中，人与人之间的交往最基本的方式就是运用语言等人类所特有的符号系统与他人进行信息交流、感情沟通，即我们所说的人际沟通。只有通过这样的相互沟通，才有助于实现相互的影响、了解，才能达到行动上的协调一致，实现共同的活动目标。沟通礼仪指人与人之间用语言或非语言的方式进行沟通的方式，掌握好沟通礼仪，有利于在生活、工作中建立良好的人际关系。因此，我们首先要做的就是了解与认识沟通。

一、沟通的原因

人与人的沟通过程包括输出者、接受者、信息、沟通渠道四个因素。

为什么要沟通？简单来说是以下两点原因。

传递和获得信息。信息的采集、传送、整理、交换，无一不是沟通的过程。通过沟通，交换有价值、有意义的各种信息，生活中的大小事务才得以展开。

改善人际关系。社会是由人们互相沟通所维持的关系组成的网，人们相互交流是因为需要同周围的社会环境相联系。

二、有效沟通的意义

有效沟通能让我们高效率地把一件事情办好，让我们享受更美好的生活。善于沟通的人懂得如何维持和改善关系，更好地展示自我需要、发现他人需要，最终赢得更好的人际关系和事业的成功。

有效沟通的意义可以总结为以下几点。如图3-1所示。

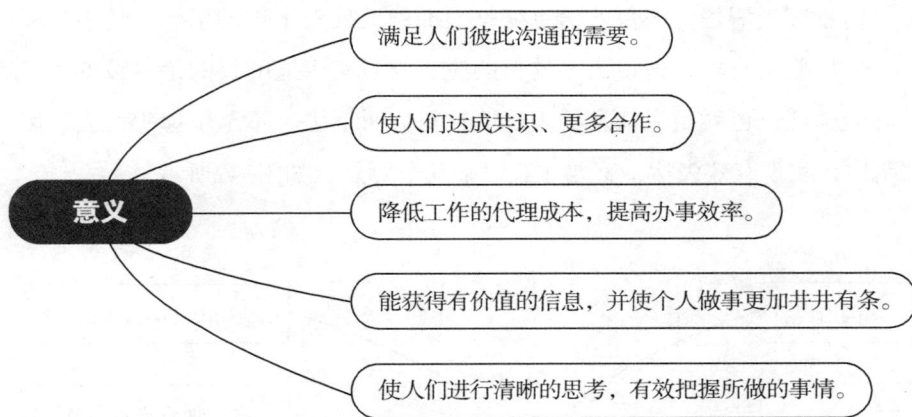

图 3-1　有效沟通的意义

三、沟通的基本模式

沟通可以分为两种基本模式。第一为语言沟通。语言是人类特有的一种非常好的、有效的沟通方式。语言的沟通包括口头语言、书面语言、图片或者图形。口头语言包括我们面对面的谈话、开会等；书面语言包括我们的信函、广告、传真、邮件、微信等；

图片包括幻灯片和电影等，这些沟通都统称为语言沟通。第二为肢体语言的沟通。肢体语言涵盖范围较广，包括我们的动作、表情、眼神。实际上，我们的声音里也包含着非常丰富的肢体语言，比如其中的音色、语调，也都是肢体语言的一部分。这两种沟通模式，前者擅长的是沟通信息，后者善于沟通的是人与人之间的思想和情感。

四、有效沟通的环节

成功沟通的目的在于达成共识，解决问题。要达成共识，在沟通时就需要注意三个环节，即表达、倾听、反馈。

（一）表达

俗话说"良言一句三冬暖，恶语伤人六月寒"，语言可以予人勇气、快乐与欣慰，同样也能让人受伤、难受和愤怒，不同的表达呈现的效果大不相同。

"表达"的"表"意为把自己的思想和情感表现出来，"达"是指让对方能清楚知道你的思想和情感。在职场中，要实现有效表达，需要做到以下几点：首先，信息应当直接，这是有效自我表达的首要条件；其次，信息应当及时，延误沟通会恶化你的感受；第三，信息应当清楚，清楚的信息完整而准确地反映了你的思想、情感、需要和观察；第四，信息应当直率，即说出来的目的应当与真实沟通的目的是一致的；最后，信息应当具有激励性，也就是说信息的表达能让对方听下去，不至于掉头而去。因此，要让彼此都明白，实现有效表达，就要注意以下几个要点。如图3-2所示。

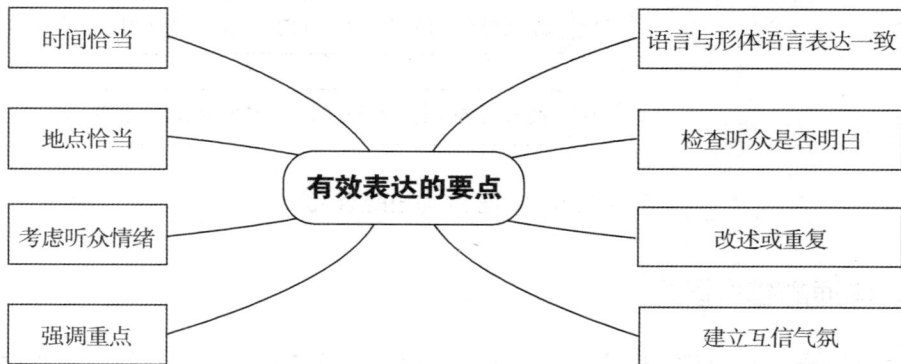

图 3-2　有效表达的要点

（二）倾听

戴尔·卡耐基曾说："专心听别人讲话的态度是我们所能给予别人最大的赞美，也是赢得别人欢迎的最佳途径。"沟通的真谛在于更好地使对方展示才华，而并非一味地炫耀自己。倾听是沟通的基础，在倾听过程中要掌握一定的技巧。如图3-3所示。

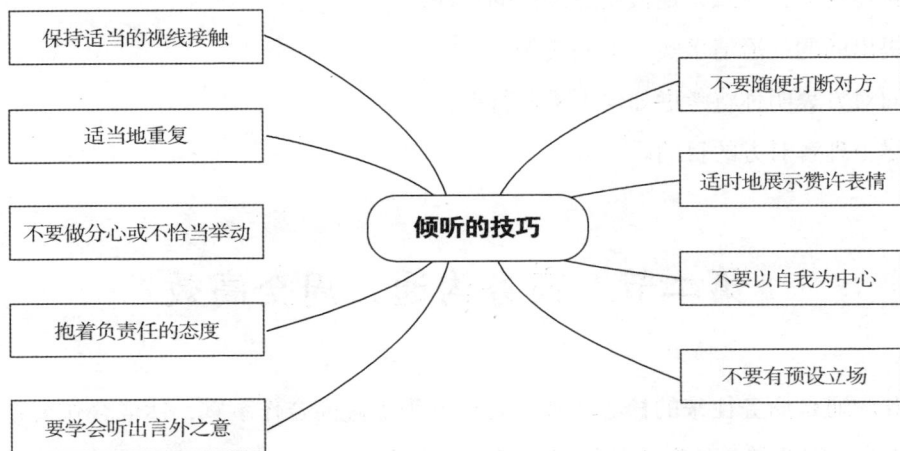

图 3-3　倾听的技巧

当然，倾听的过程也不仅仅是单纯地听，也要适时提出问题，通过开放式发问、清单式发问、假设式发问、重复式发问、激励式发问、封闭式发问等提问方式获取更多信息，确保沟通顺利进行。

（三）反馈

在沟通过程中，没有信息的反馈，沟通就不够完善，就是一种信息的单向输送。所以说，没有反馈就不能称之为完整的沟通。反馈，目的在于给对方以建议，帮助对方把工作做得更好。对给予反馈的一方来说，要实现更好的反馈，实现有效沟通，就要掌握好一些反馈的要点：

1. 针对对方的需求；

2. 给予反馈要具体、明确；

3. 要富有建设性；

4. 把握恰当时机；

5. 集中于对方可以改变的行为；

6. 对事不对人；

7. 考虑对方的接受程度，确保对方能理解。

对接受反馈的一方来说，要达到有效反馈、有效沟通的目的，就要注意以下几点：

1. 不要打断，努力养成倾听的习惯；

2. 避免自卫，有意识地接受建设性的批评；

3. 提出问题，澄清事实，询问实例；

4. 向对方表明你将考虑如何去采取行动；

5. 尽力理解对方的目的。

第二节　商务沟通，周全高效

商务沟通是商务往来的核心环节，是双方为了磋商合作事宜，达成合作关系而进行的严谨活动，因此相关的沟通礼仪就显得尤为重要。

一、收发传真的礼仪

传真机是远程通信方面的重要工具，也是一种被普遍认可的文书形式，起草传真时应做到简明扼要，文明有礼。

1. 操作规范

在发传真之前，应先知会对方。在收到他人的传真后，也应当在第一时间采用适当的方式告知对方。需要办理或转交、转送他人发送的传真时，切不可拖延时间，以免延误对方的要事。如果没有得到对方的允许，不可将发送时间设定在下班以后，这是非常不礼貌的行为。如果接收人需要原件备案，诸如一些需要主管人员亲笔签字的合同资料，则应在传真后将原件用商业信函的方式寄出。

2. 明确信息

为了明确传真的有关信息，上面注明传送者与接收者双方的单位名称、人员姓名、日期、总页数等，这样就可以让接收者一目了然。页码标注尽量以3-1、3-2、3-3的方式，让接收者一看就知道是三页。发送急件时就应在封面正页注明，因为有的大企业定时分批发送公函和信笺，如果不加以注明，就容易被耽误。

3. 注意保密

未经事先许可，不应传送保密性强的文件或材料，因为公共传真机保密性不强，任何刚好经过传真机旁的人，都可以轻易窥探到传真纸上的内容，所以传真件不能确保完全保密。若是比较私密的事情，最好不用传真机传达，除非你想让事件变成"公开的秘密"。

4. 行文礼貌

在书写传真件时，语气和行文风格上，应做到清楚、简洁，且必须像写信一样有礼貌，如必要的称呼、问候语、签字、敬语、致谢语等都不可缺少，尤其是信尾的签字常被忽略，这是不太礼貌的，因为签字代表这封信是发信者知道并且同意才发出的，否则任何人都可以轻易冒名发送信件。同时，要注意字号，传真的材料通常要比普通打印的文件字号大一点，以保证传真过去的文字清晰，方便阅读。如果传真盖有公章的文字材料，必须把章盖得清晰、颜色鲜艳，这样传真过去后才可能清楚。

二、电子邮件礼仪

电子邮件已经普遍应用于当代社会，很多事情都需要使用邮件，尤其是在职场中，工作中收发邮件是最平常不过的事情。收发邮件也是有讲究的，需要一定的规则与礼仪。

（一）发送邮件礼仪

1. 主题提纲挈领

添加邮件主题是电子邮件和信笺的主要不同之处，在主题栏里用短短的几个字概括出整个邮件的内容，便于收件人权衡邮件的轻重缓急，然后依情况处理。

2. 开头称呼问候

有称呼既显得礼貌，也能提高收件人的注意力。称呼写好后换行空两格写问候语。

3. 正文简明扼要

正文要确保行文通顺，要说清楚事情，如果具体内容确实很多，要先做摘要介绍，然后进行详细描述。正文行文应通顺，多用简单词汇和短句，准确清晰地进行表达。

4. 信息完整无误

用一封邮件交代完整信息。建议在一封邮件中把信息全部写清楚、写准确。不要过后再发"补充"或者"更正"的邮件，这会让人反感。尽可能地避免拼写错误和错别字。注意使用拼写检查。在邮件发送之前，务必自己仔细阅读一遍，检查行文是否通顺，拼写是否有错误。选择便于阅读的字号和字体。忌使用大写字母、粗体斜体、颜色字体、加大字号等方法对一些信息进行提示。合理的提示是必要的，但过多的提示则会让人抓不住重点，影响阅读。结尾签名使对方可以清楚地知道发件人信息，但签名信息不宜过多。

（二）回复邮件礼仪

1. 回复及时，有针对性

收到他人的重要电子邮件后，应即刻回复对方。如果你正在出差或休假，应该设定自动回复功能回复发件人，以免影响工作。

当回件答复问题的时候，最好把相关的问题抄到回复邮件中，然后附上答案，进行必要的阐述，让对方一次性理解，避免再反复交流，浪费资源。对方给你发来邮件，回复不能只用"是的""对""谢谢""已知道"等字眼，这是非常不礼貌的。

2. 主动控制邮件来往

为避免无谓的回复，可在文中指定部分收件人给出回复，或在文末添上以下语句："全部办妥""无须行动""仅供参考，无须回复"。

3. 明确回复对象

要区分收件人、抄送人、密送人。收件人是要受理这封邮件所涉及的主要问题的，理应对邮件予以回复响应。而抄送人则只是需要知道这回事，抄送人没有义务对邮件予以响应。发给密送人的邮件，收件人、抄送人无法查阅到。收件人、抄送人中的各收件人的排列顺序应遵循一定的规则。比如按部门排列，按职位等级从高到低或从低到高排列。

转发邮件要突出信息，在转发消息之前，首先确保所有收件人需要此消息。除此之外，转发敏感或者机密信息要小心谨慎，不要把内部消息转发给外部人员或者未经授权的接收人。如果有需要，还应对转发邮件的内容进行修改和整理，以突出信息。

三、接打电话礼仪

电话是被现代人公认为便利的通信工具，在日常生活中，使用电话的礼仪很关键，它直接影响一个公司的声誉，人们通过电话对话也能粗略判断对方的性格、状态，因而，掌握正确的、礼貌待人的电话礼仪是非常必要的。

（一）打电话的基本礼仪

打电话是沟通的一个主要方式。拨打电话的人是发话人，是主动的一方，而接听电话的一方是受话人，是被动的一方。因而在整个通话过程中，拨打电话的人起着支配作用，一定要积极塑造自己完美的电话形象。在打电话时，必须把握住通话的时间、内容和分寸，使得通话时间适宜、内容精练、表现有礼。

1. 时间适宜

把握好通话时机和通话长度，既能使通话更富有成效，显示通话人的干练，同时也显示对通话对象的尊重。反之，如果莽撞地在对方不便的时间通话，就会造成尴尬的局面，非常不利于双方关系的发展。如果把握不好通话时间，谈话过于冗长，也会引起对方的负面情绪。

打电话时，尽量避开受话人休息、用餐的时间，而且最好别在节假日打扰对方。一般情况下，上午8点之前（节假日9点之前）、晚上10点以后不宜打电话；三餐的时间也不适合打电话，以免打扰对方。打电话前，最好先想好要讲的内容，以便节约通话时间，不要现想现说，通常一次通话不应长于3分钟，即所谓的"3分钟原则"。

2. 内容精练

打电话时忌讳通话内容不得要领、语言啰唆、思维混乱，这样很容易引起受话人的反感。通话内容精练简洁是通话的基本要求。

第一，预先准备。在拨打电话之前，对自己想要说的事情做到心中有数，尽量梳理出清晰的顺序。做好这样的准备后，在通话时就不会出现颠三倒四、现说现想、丢三落四的现象了，同时也会给对方留下好印象。若有重要内容沟通，应写好谈话要点并列出提纲。拨打电话前做好以下准备：①信息准备：准确核查对方的电话号码和姓名；②资料准备：电话、通话记录本和笔等；③内容准备：重要、复杂的内容可以提前写出谈话稿。

第二，简洁明了。电话接通后，发话人对受话人的讲话要务实，在简单的问候之后，确认身份，若对方是相识的人可以直接进入主题；若对方是不相识的人，先说明自己的单位、姓名等信息。开宗明义，直奔主题，不要讲空话、废话，不要啰唆、重复，更不要偏离话题、节外生枝或者没话找话。在通话时，最忌讳发话人东拉西扯、思路不清，或者一厢情愿地认为受话人有时间陪自己聊天，共煲"电话粥"。

3. 表现有礼

拨打电话的人在通话的过程中，始终要注意待人以礼，举止和语言都要得体大度，尊重通话的对象，并照顾到通话环境中其他人的感受。通话声音清晰、语调语速平和有朝气；通话表达简明扼要、条理清楚；需要谈论重要话题时，先询问对方通话是否方便。

恰当处理特殊情况，通话中如有其他工作需要处理，应告知对方，避免出现误解；若通话对象不在、委托他人代为转达时，要主动留下自己的姓名和联系方式并记住委托人的姓名。同时，在通话记录上，也要记录通话时间及接听人等信息。

（二）接电话的基本礼仪

接听电话的人虽然处于被动的位置，但是也不能在礼仪规范上有所松懈。拨打电话过来的人可能是你的上级，可能是合作方，也可能是对你很有帮助的友人，因此，受话人在接听电话时，要注意有礼和得体，不能随随便便。当本人接听打给自己的电话时，应注意及时接听并谦和应对，无论对方地位尊卑，都要待人以礼。

1. 及时接听

电话铃声响起，要立即停下自己手头的事，尽快接听。不要等铃声响过很久之后，才姗姗来迟或者让小孩子代接电话。一个人能否及时接听电话，也可从一个侧面反映出他待人接物的诚恳程度。一般来说，在电话铃声响过三遍左右拿起话筒比较合适。"铃声不过三声"是一个原则，也是一种体谅拨打电话的人的态度，而且铃声响起很久不接电话，拨打电话的人也许会以为没有人接而挂断电话。如果接电话不及时，要道歉，向对方说"抱歉，让您久等了"。

2. 谦和应对

在接电话时，首先要问候，然后自报家门，向对方说明自己是谁。向发话人问好，也有向发话人表示打来的电话有人接听的意思。自报家门是为了确认自己是否是发话人真正要通话的对象。在私人住所接听电话时，为了安全起见，可以不必自报家门，或者只向对方确认一下电话号码来确定对方是否找对了人。即使对方错拨了电话，也不要勃然大怒，口出秽语，而要耐心解释。在接听电话时，要聚精会神，认真领会对方的话，切忌心不在焉，甚至把话筒搁在一旁，任凭通话人"自言自语"而不顾。

3. 分清主次

其一，电话铃声一旦响起，接电话就成为最紧急的事情，其他事情都可以先放一边。接听电话时，不要再与旁人交谈或者看文件、吃东西、看电视、听广播等。即使是电话铃声响起的时候你忙着别的事，在接听电话时也不要向打来电话的人说电话来得不是时候。

其二，有时候确实有无法分身的情况，比如自己正在会晤重要的客人或者在会议中间，不宜与来电话的人深谈，此时可以向来电话的人简单说明原因，表示歉意，并主动约一个具体的双方都方便的时间，由自己主动打电话过去。一般来说，在这种情况下，不应让对方再打过来一次，而应由自己主动打过去，尤其是在对方打长途电话的情形中。约好了下次通话时间，就要遵守约定，按时打过去，并向对方再次表示歉意。

其三，如果在接听电话的时候，适逢另一个电话打了进来，切忌中断通话，而要向来电话的人说明原因，要他不要挂断电话，稍等片刻。去接另一个电话的时候，接通之后也要请对方稍候片刻或者请他过一会儿再打进来，或者自己过一会儿再打过去；等对方理解之后，再继续方才正接听的电话。

4. 记录通话

对于职场精英们来说，每天会接很多电话，如果只是把它存在"深深的脑海里"，是很容易忘记或混淆的。好记性不如烂笔头，要准备好纸、笔、手机或是电脑等便于记录的工具。另外，你需了解自己单位的基本情况，以便在来电者咨询时能及时答复或指引。可以利用5W1H技巧，简洁明了记录电话内容，即When（何时）、Where（何地）、Who（何人）、What（何事）、Why（为什么）、How（干什么）。（如：今天下午15:30在公司五楼会议室与××公司王总洽谈合作事宜。）

5. 注意善后

电话交谈完毕时，应尽量让对方结束对话，若确需自己来结束，应解释、致歉。通话完毕后，应等对方放下话筒后，再轻轻地放下电话，以示尊重。不可只管自己讲完就挂断电话。对于接电话时不能马上回复对方的事情，要在了解清楚后及时回复对方；有需要其他同事处理的事情，要及时将电话内容告知相关人员。

6. 接听细节

嘴和话筒保持4厘米左右的距离，要把耳朵贴近话筒。一定要面带笑容。亲切、温情的声音会使对方马上对我们产生良好的印象。打、接电话的时候口中不能有东西，不能叼着香烟、嚼着口香糖。左手接听，便于右手随时记录有用信息。

接听电话的语调、语速、措辞等都很重要，保证对方能听清楚。要避免使用不礼貌的表达方式。在接电话时切忌使用"说""讲"，这是一种命令式的表达方式，既难让人接受，又不礼貌。这种硬邦邦的电话接听方式显得过于粗鲁无礼，有一种盛气凌人的气势，好像是摆架子。大家都希望别人以礼相待，有谁愿意同不懂礼貌的人打交道呢？所以，在接听电话时，一定要注意应有的礼貌。

接听电话的环境同样重要，避免过于嘈杂，导致听不清楚让对方不断重复；当听到对方的谈话内容很长时，应有所反应，以"是的、好的、对、请讲、不客气、我听着呢、我明白了"等语气词，表示你在认真听。漫不经心，答非所问，或者一边听一边同身边的人谈话，都是对对方的不尊重。主动问候，自报家门介绍自己，开口应该是"您好"，而不是冷冰冰的"喂"。如果想知道对方是谁，应委婉地表达，如"请问怎么称呼您"，建议沟通过程中多称呼对方，表示对对方尊重。最后要感谢对方来电，并礼貌地结束通话。

（三）手机礼仪

1. 手机使用礼仪

（1）公共场合，手机要放在合乎礼仪的位置。不要在未使用时放在手里或挂在胸前。常规放手机的位置，可以是随身携带的公文包，也可以是上衣的内口袋。

（2）在会议中或与人谈话时，最好关机或把手机调到静音状态，这样既显示出对别人的尊重，又不会打断谈话的思路。

（3）说话音量以对方能听清楚为宜。在公共场合使用手机时，应该尽量小声说话。

（4）在图书馆或在影剧院用手机拨打电话是不合适的，乘坐飞机过程中应关机或调成飞行模式。

2. 微信使用礼仪

（1）要及时回复他人的微信。如果没能及时回复，也要在方便的时候向对方解释原因，并表示歉意。

（2）回复信息时能打字的尽量不发语音。特别是汇报工作或者有其他重要且复杂的事项需要和他人沟通时，文字一目了然，也节省阅读时间。

（3）不要强求别人点赞。尽量不要在群里发广告，以及强行要求群成员点赞。

（4）严格审核发送的内容。不发没有根据和有伤风化的内容。不造谣、不传谣、不信谣，不煽动他人情绪，坚决远离不良信息。

（5）不要轻易向别人索要红包，发红包时必须写清楚祝福语。

【相关链接】

邮件收发小贴士

电子邮件是一种用电子手段提供信息交换的通信方式，是互联网应用最广的服务，用户可以以非常低廉的价格、非常快速的方式，与世界上任何一个角落的网络用户联系。它极大地方便了人与人之间的沟通与交流，促进了社会的发展。如何正确规范使用电子邮件，彰显礼貌敬意，是我们需要了解掌握的。

一、关于发送对象

正确使用发送、抄送和密送，要区分收件人（To）、抄送人（CC）和密送人（BCC）。

1. To的人是要受理这封邮件所涉及的主要问题的人，理应对邮件予以回复响应。

2. CC的人只是需要知道这回事，没有义务对邮件予以响应，如果CC的人有相关的建议，当然也可以回E-mail。

3. BCC是密送，即收件人是不知道你发给了BCC的人的。这个可能用在非常规场合。

4. TO、CC中各收件人的排列应遵循一定的规则。比如按部门排列、按职位等级从高到低或从低到高都可以。

5. 只给需要信息的人发送邮件，不要占用他人的资源。

6. 转发邮件要突出信息。在你转发消息之前，首先确保所有收件人需要此消息。除此之外，转发敏感或者机密信息要小心谨慎，不要把内部消息转发给外部人员或者未经授权的接收人；如果有需要还应对转发邮件的内容进行修改和整理，以突出信息。不要将RE(回复)了几十层的邮件发给他人，让人摸不着头脑。

7. 不发送垃圾邮件或者附加特殊链接。

二、关于主题

主题是接收者了解邮件的第一信息，因此要提纲挈领，使用有意义的主题才行，添加邮件主题是电子邮件和信笺的主要不同之处，在主题栏用短短的几个字概括出整个邮件的内容，这样可以让收件人迅速了解邮件内容并判断其重要性，分清轻重缓急，分别处理。

1. 一定不要空白标题，这是最失礼的。

2. 标题要简短，不宜冗长。

3. 如果对外，最好写上来自××公司的邮件，以便对方一目了然又便于留存，时间可以不用注明，因为一般的邮箱会自动生成，写了反而累赘。

4. 标题要能真实反映文章的内容和重要性，切忌使用含义不清的标题，如"王先生收"；也不要用无实际内容的主题，如"亲，请接收！""Hello"。

5. 一封信尽可能只针对一个主题，不在一封信谈及多件事情，以便于日后整理。

6. 可适当使用大写字母或特殊字符（如"*""！"等）来突出标题，引起收件人注意，但应适度，特别是不要随便就用"紧急"之类的字眼。

7. 回复对方邮件时，应根据回复内容需要更改标题，不要RE一大串。

8. 最重要的一点，主题切不可出现错别字和不通顺之处，切莫只顾检查正文却忘记在发出前检查主题，主题是给人的第一印象，一定要慎之又慎。

三、关于称呼与问候

1. 恰当地称呼收件者，拿捏尺度。邮件的开头要称呼收件人。这既显得礼貌，也明确提醒某收件人，此邮件是面向他的，要求其给出必要的回应；在存在多个收件人的情况下可以称呼大家、All。如果对方有职务，应按职务尊称对方，如"×经理"；如果不清楚职务，则应按通常的"×先生""×小姐"称呼，但要把性别先搞清楚。不熟悉的人不宜直接称呼英文名，对级别高于自己的人也不宜称呼英文名。称呼全名也是不礼貌的，不要跟谁都用个"Dear×××"，显得过于熟络。

2. E-mail开头结尾最好要有问候语。最简单的开头写一个"HI"，中文写个"你好"；结尾常见的写个Best Regards，中文写个"祝您顺利"之类的就可以了。若是长辈应使用"此致敬礼"。注意，在非常正式的场合应完全使用信件标准格式，"祝"和"此致"为紧接上一行结尾或换行开头空两格，而"顺利"和"敬礼"为换行顶格写。俗话说得好，"礼多人不怪"，礼貌一些，总是好的，即便邮件中有些地方不妥，对方也能平静地看待。

四、关于正文

1. 正文要简明扼要，行文通顺。若对方不认识你，第一件事就是要表明自己的身份、姓名或你代表的企业名，以示对对方的尊重。点明身份应当简洁扼要，最好是和本邮件以及对方有关，主要功能是为了收件人能够顺利地理解邮件来意。有些联系方式之类与正文无关的信息应在签名档中表明。E-mail正文应简明扼要地说清楚事情；如果具体内容确实很多，正文应只做摘要介绍，然后单独写个文件作为附件进行详细描述。正文行文应通顺，多用简单词汇和短句，准确清晰地表达，不要出现晦涩难懂的语句。最好不要让人家拉滚动条才能看完你的邮件。

2. 注意E-mail的论述语气。根据收件人与自己的熟络程度、等级关系，邮件是对内还是对外性质的不同，选择恰当的语气进行论述，以免引起对方不适。尊重对方，"请、谢谢"之类的语句要经常出现。电子邮件可轻易地转给他人，因此对别人意见的评论必须谨慎而客观。

3. 正文多用1、2、3、4之类的列表，表达清晰明确。如果事情复杂，最好用1、2、3、4列几个段落进行清晰准确的说明。保持每个段落简短不冗长，没人有时间仔细看没有分段的长篇大论。

4. 一次邮件交代完整信息。最好在一次邮件中把相关信息全部说清楚，说准确。不要过两分钟之后再发一封什么"补充"或者"更正"之类的邮件，这会让人很反感。

5. 尽可能避免拼写错误和错别字，注意使用拼写检查。这是对别人的尊重，也是自己态度的体现。如果是英文E-mail，最好把拼写检查功能打开；如果是中文E-mail，注意拼音输入法带给你的同音别字。在邮件发送之前，务必自己仔细阅读一遍，检查行文是否通顺，拼写是否有错误。

6. 合理提示重要信息。不要动不动就用大写字母、粗体斜体、颜色字体、加大字号等手段对一些信息进行提示。合理的提示是必要的，但过多的提示则会让人抓不住重点，影响阅读。

7. 合理利用图片、表格等形式来辅助阐述。对于很多带有技术介绍或讨论性质的邮件，单纯以文字形式很难描述清楚。如果配合图表加以阐述，收件人一定会表扬你的体贴。

五、关于附件

1. 如果邮件带有附件，应在正文里面提示收件人查看附件。

2. 附件文件应按有意义的名字命名，最好能够概括附件的内容，方便收件人下载后管理。

3. 正文中应对附件内容做简要说明，特别是带有多个附件时。

4. 附件数目不宜超过4个，数目较多时应打包压缩成一个文件。

5. 如果附件是特殊格式文件，应在正文中说明打开方式，以免影响使用。

6. 如果附件过大，应分割成几个小文件分别发送。

六、关于结尾签名

每封邮件在结尾处都应签名，这样对方可以清楚地知道发件人信息。

1. 签名信息不宜过多。电子邮件消息末尾加上签名档是必要的。签名档可包括姓名、职务、公司、电话、传真、地址等信息，但信息不宜行数过多，一般不超过4行。你只需将一些必要信息放在上面，对方如果需要更详细的信息，自然会与你联系。引用一个短语作为你的签名的一部分是可行的，比如你的座右铭，或公司的宣传口号。但是要分清收件对象与场合，切记一定要得体。

2. 不要只用一个签名档。对内、对私、对熟悉的客户等群体的邮件往来，签名档应该进行简化。过于正式的签名档会让你与对方显得疏远。你可以在Outlook中设置多个签名档，灵活调用。

3. 签名档文字应选择与正文文字匹配的简体、繁体或英文，以免出现乱码。字号选择一般应该比正文字体小一些。

七、关于回复邮件

1. 及时回复E-mail。收到他人的重要电子邮件后，即刻回复对方一下，往往还是必不可少的，这是对他人的尊重，理想的回复时间是2小时内，特别是对一些紧急重要的邮件。对每一份邮件都立即处理是很占用时间的，一些优先级低的邮件可集中在一特定时间处理，但一般不要超过24小时。如果事情复杂，你无法及时确切回复，那至少应该及时地回复说："收到了，我们正在处理，一旦有结果就会及时回复。"不要让对方苦苦等待，记住：及时做出响应，哪怕只是确认一下收到了。如果你正在出差或休假，应该设定自动回复功能，提示发件人，以免影响工作。

2. 不要就同一个问题多次回复讨论，不要盖高楼。如果收发双方就同一问题的交流回复超过3次，这只能说明交流不畅，说不清楚。此时应采用电话沟通等其他方式进行交流后再做判断。电子邮件有时并不是最好的交流方式。对于较为复杂的问题，多个收件人频繁回复，发表看法，把邮件越RE越高，这将导致邮件过于冗长笨拙而不可阅读。此时应及时对之前讨论的结果进行小结，删减瘦身，突出有用信息。

3. 要区分Reply（单独回复）和Reply All（回复全体）。如果只需要单独一个人知道的事，单独回复给他一个人就行了；如果你对发件人提出的要求做出结论响应，应该

Reply All，让大家都知道；不要让对方帮你完成这件事情。如果你对发件人提出的问题弄不清楚，或有不同的意见，应该与发件人单独沟通，不要当着所有人的面不停地RE来RE去，与发件人讨论。你们讨论好了再告诉大家。不要向上司频繁发送没有确定结果的邮件。点击"回复全部"前，要三思而行。

课后作业

1.结合实际与所学，谈谈你对沟通的认识。

2.在有效沟通的三个环节中，各自应该注意什么问题？

3.以小组为单位，编一出职场沟通礼仪的小短剧。

第四章　交往礼仪

❀学习目标❀

1.学会进行自我介绍、他人介绍，更好地与人相识；

2.熟练运用标准的握手、鞠躬等见面礼节；

3.熟练掌握拜访、接待、馈赠等礼仪。

在日常生活中，礼仪能够调节人际关系，从一定意义上说，礼仪是人际关系和谐发展的调节器，人们在交往时按照礼仪规范去做，有助于加强人们之间的互相尊重，建立友好合作的关系，缓和与避免不必要的矛盾及冲突。随着商务活动的频繁进行和先进管理思想的发展，高效的商务接待礼仪流程正在成为现代企业快速发展的重要组成部分。要达成成功的客户往来，形成良好的人际关系，掌握和学习交往礼仪是必不可少的。

第一节　行礼有度，敬人律己

一、介绍礼仪

介绍是社交场合中互相了解的基本方法。简单地说就是向相关人士说明有关情况，使双方相互认识，符合礼仪的介绍可以缩短人们之间的距离，解除陌生和畏惧，建立必要的了解和信任，以便更好地交谈、更多地沟通和更深入地了解。在日常生活与工作中常用的介绍有以下几种类型，即自我介绍、他人介绍和集体介绍。

（一）自我介绍

自我介绍，即将本人介绍给他人，在合适的场合利用自我介绍，不仅可以扩大自己的交际圈，而且有助于自我展示、自我宣传，在交往中消除误会，增强印象。在自我介绍时，要注重时间、态度、内容等要点。

1. 情境

通常需要做自我介绍的情况有以下几种：

第一，社交场合中遇到你希望结识的人，又找不到适当的人介绍。

第二，电话约某人，而又从未与这个人见过面。

第三，演讲、发言前。

第四，求职应聘或参加竞选。这时更需要自我介绍，而且自我介绍的形式可能不止一种。既要有书面介绍材料（个人简历），还要有口头介绍，或详或简，或严肃庄重，或风趣幽默等。这会直接影响求职或竞选者能否成功。

2. 时间

自我介绍时应注意的时间问题具有以下双重含义。

第一，自我介绍应在何时进行。一般认为，把自己介绍给他人的最佳时机如图4-1所示。

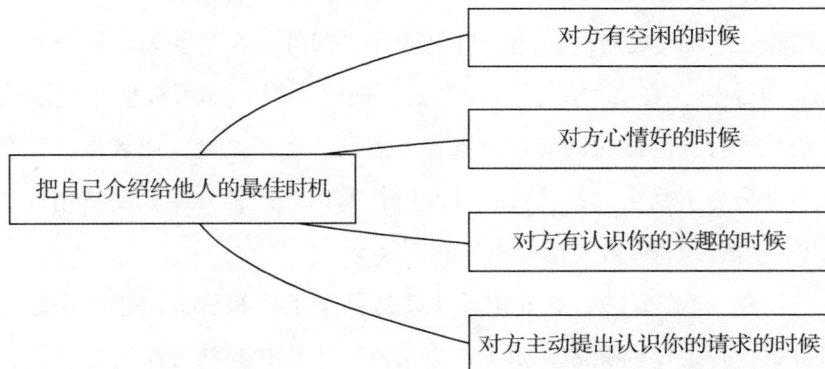

图 4-1　把自己介绍给他人的最佳时机

第二，自我介绍应大致使用多少时间。一般认为，用约30秒的时间来介绍就足够了，至多不超过1分钟。有时，适当使用三言两语一句话，用不上十秒钟的时间，也是可以的。

3. 艺术

掌握自我介绍的语言艺术，应注意以下几方面的问题：

第一，镇定而充满自信，清晰地报出自己的姓名，并善于使用体态语言，表达自己的友善、关怀、诚意和愿望，这是自信的表现。如果自我介绍不知所措，模糊不清，含糊其词，流露出羞怯自卑的心理，会使人感到你不能把握自己，因而也会影响彼此间的进一步沟通。

第二，根据不同的交往目的，注意介绍的繁简。自我介绍一般包括姓名、籍贯、职业、职务、工作单位或住址、毕业学校、经历、特长、兴趣等。自我介绍时应根据实际需要来决定介绍的繁简，不一定把上述内容逐一说出。在长者或尊者面前，语气应谦恭；在平辈和同事面前，语气应明快，直截了当。

第三，自我评价要掌握分寸。自我评价一般不宜用"很""第一"等表示极端赞颂的词，也不必有意贬低，关键在于掌握分寸。自我介绍时，表情要自然、亲切，注视对方，举止庄重、大方，态度镇定而充满信心，表现出渴望认识对方的热情，切忌面红耳赤，毛手毛脚。

4. 内容

在介绍时，被介绍者的姓名全称、供职单位、负责的具体工作等，被称作构成介绍主体内容的三大要素。在做自我介绍时，其内容在三大要素的基础上又有所变化。具体而言，依据自我介绍内容方面的差异，可以分为以下四种方式。

（1）应酬式。方式最简洁，往往只包括姓名即可。在某些公共场合和一般性的社交场合，如旅行途中、宴会厅里、舞场之上、通电话时，都可以使用应酬式的自我介绍，它的对象是进行一般接触的交往对象，或者属于泛泛之交，或者早已熟悉，进行自我介绍，只不过是为了确定身份或打招呼而已，所以，此种介绍要简洁精练，一般只介绍姓名就可以。例如："你好（您好）！我叫×××。"

（2）工作式。工作式的自我介绍，主要适用于工作和公务交往中，以工作需要为自我介绍的重点，因工作而交际，因工作而交友。工作式自我介绍有三要素：本人姓名+供职单位及部门+担任的职位或从事的具体工作，缺一不可，除非确信对方已经熟知。例如，面试介绍姓名时，应当一口报出。有姓无名，或有名无姓，都会显得有失庄重。供职的单位及部门，最好也全部报；有时，个体的工作部门也可以暂不报出。担任职位的，最好报出；职位较低或无职位的，则可以报出目前所从事的具体工作。

（3）交流式。有时，在社交活动中，我们希望某个人认识自己、了解自己，并与自己建立联系时，就可以运用交流式介绍方法，与心仪的对象进行初步交流和进一步的沟通。交流式的自我介绍，比较随意，可以包括介绍者的姓名+工作+籍贯+学历+兴趣以及与交往对象的某些熟人的关系，可以不着痕迹地面面俱到，也可以故意有所隐瞒，造成某种神秘感，激发对方与你进一步沟通的兴趣。

（4）礼仪式。在一些正规而隆重的场合，比如讲座、报告、演出、庆典、仪式等，要运用礼仪式的自我介绍，以示对介绍对象的友好和敬意。礼仪式的自我介绍一般包括姓名+单位+职务+敬语，以符合这些场合的特殊需要，营造谦和有礼的交际气氛。

在社交中，我们要根据具体情况采用不同的自我介绍方式，以实现既定的目的和效果。同时，还要注意掌握相应的语气、语速以适应当时的情境，并且力求做到实事求是，真实可信，不过分谦虚、贬低自己，也不自吹自擂、夸大其词。这样，才能顺利完成交际中的第一关，为日后进一步交往打下良好的基础。

（二）他人介绍

他人介绍，又称第三者介绍，是经第三者为彼此不相识的双方引见、介绍的一种交际方式。他人介绍，通常是双向的，即对被介绍双方各自做一番介绍。有时，也进行单向的他人介绍，即只将被介绍者中某一方介绍给另一方。作为第三方介绍人为他人介绍，首先要了解双方是否有结识的愿望；其次要遵守介绍的规则；再次是在介绍彼此的姓名、工作单位时，要为双方找一些共同的谈话材料，如双方的共同爱好、共同经历或相互感兴趣的话题。

1. 介绍的顺序

根据商务礼仪规范，介绍时，要坚持女士、长者、位尊者、主人有优先了解对方的权利的原则。根据规则，为他人做介绍时的礼仪顺序大致有以下几种：

（1）介绍上级与下级认识时，先介绍下级，后介绍上级；

（2）介绍长辈与晚辈认识时，应先介绍晚辈，后介绍长辈；

（3）介绍年长者与年幼者认识时，应先介绍年幼者，后介绍年长者；

（4）介绍女士与男士认识时，应先介绍男士，后介绍女士；

（5）介绍已婚者与未婚者认识时，应先介绍未婚者，后介绍已婚者；

（6）介绍同事、朋友与家人认识时，应先介绍家人，后介绍同事、朋友；

（7）介绍来宾和主人认识时，应先介绍主人，后介绍来宾；

（8）介绍与会先到者与后来者认识时，应先介绍后来者，后介绍先到者。

2. 介绍的礼节

介绍人的做法。介绍时要有开场白，例如"请允许我介绍一下，李小姐，这位是……"。为他人做介绍时，手势动作要文雅，无论介绍哪一方，都应手心朝上，手背朝下，四指并拢，拇指张开，指向被介绍的一方，并向另一方点头微笑。必要时，可以说明被介绍的一方与自己的关系，以便新结识的朋友之间相互了解和信任。介绍人在介绍时要注意先后顺序，语言要清晰明了，不含糊其词，以便双方记清对方的名字。在介绍某人的优点时要恰到好处，不宜过分称颂而导致出现难堪的局面。

被介绍人的做法。作为被介绍的双方，都应当表现出对结识对方的热情。双方都要正面朝向对方，介绍时，除了女士和长者外，一般都应该站起来，但若是在会谈进行中，或在宴会等场合，就不必起身，只略微欠身致意就可以了。如果方便的话，等介绍人介绍完毕后，被介绍人双方应握手致意，面带微笑并寒暄，如有需要还可以互换名片。

3.介绍方式

一般式。也称标准式，以介绍双方的姓名、单位、职务等为主，适用于正式场合。如："请允许我来为两位引见一下。这位是××公司营销部主任×小姐，这位是××集团副总××小姐。"

简单式。只介绍双方姓名一项，甚至只提到双方姓氏而已，适用于一般的社交场合。如："我来为大家介绍一下：这位是谢总，这位是徐董。希望大家合作愉快。"

附加式。也可以叫强调式，用于强调其中一位被介绍者与介绍者之间的关系，以期引起另一位被介绍者的重视。如："大家好！这位是飞跃公司的业务主管杨先生，这是小儿刘放，请各位多多关照。"

引见式。介绍者所要做的，只是将被介绍的双方引到一起即可，适用于普通场合。如："OK，两位认识一下吧。大家其实都曾经在一个公司共事，只是不是一个部门。接下来的，请自己说吧。"

推荐式。介绍者经过精心准备将某人举荐给某人，介绍时通常会对前者的优点加以重点介绍，通常适用于比较正规的场合。如："这位是杨××先生，这位是××公司的赵××董事长。杨先生是经济博士，管理学专家。赵总，我想您一定有兴趣和他聊聊吧。"

礼仪式。礼仪式是一种最为正规的他人介绍，适用于正式场合。其语气、表达、称呼上都更为规范和谦恭。如："孙小姐，您好！请允许我把北京××公司的执行总裁李力先生介绍给你。李先生，这位就是广东××集团的人力资源经理孙晓小姐。"介绍时，不要有意拿腔拿调，或是心不在焉；也不要低三下四、阿谀奉承地去讨好对方。

（三）集体介绍

集体介绍，实际上是介绍他人的一种特殊情况，指被介绍的一方或者双方不止一人的情况。

1. 时机

在进行集体介绍的时候，时机的把握是首要因素。下面几种情况需要进行集体介绍：

（1）正式的大型宴会，主持人一方与来宾均不止一人，应进行集体介绍；

（2）大型的公务活动，参加者不止一方，各方也不止一人，应进行集体介绍；

（3）举行会议，与会者往往不止一人，应进行集体介绍；

（4）涉外交往活动，参加活动的宾主双方皆不止一人，应进行集体介绍；

（5）演讲、报告、比赛，参加者不止一人，应进行集体介绍；

（6）会见、会谈，各方参加者不止一人，应进行集体介绍；

（7）规模较大的社交聚会，有多方参加，各方均可能有多人，应进行集体介绍；

（8）接待参观、访问者，来宾不止一人，应进行集体介绍。

2. 顺序

进行集体介绍的顺序，可参照他人介绍的顺序，也可酌情处理。但应注意，越是正式、大型的交际活动，越要注意介绍的顺序。

其一，单向介绍。在演讲、报告、比赛、会议、会见时，往往只需要将主角介绍给广大参加者。

其二，笼统介绍。若一方人数较多，可采取笼统的方式进行介绍，例如，"这是我的家人"，"这是我同学"。

其三，双向介绍。当被介绍者双方地位、身份大致相似时，应遵循"少数服从多数"的原则，先介绍人数较少的一方；如被介绍者双方地位、身份存在差异，地位高者虽然人数较少或只有一人，也应将其放在尊贵的位置，最后加以介绍。

其四，人数较多各方的介绍，若被介绍的不止两方，需要对被介绍的各方进行位次排序，排列的顺序可以是：以座次顺序为准；以抵达时间的先后为准；以其负责人身份为准；以单位名称的英文字母顺序为准；以其单位规模为准；以距介绍者的远近为准。

此外，在进行集体介绍的时候，一定要注意：首次介绍准确使用全称，不要使用易生歧义的简称；介绍时不要开玩笑，要很正规。

二、握手礼仪

两人相向，握手为礼，是当今世界最为流行的礼节。不仅熟人、朋友，连陌生人、对手，都可以握手。握手常常伴随寒暄、致意，如"你（您）好""欢迎""多谢""保重""再见"等。握手礼含义很多，视情况而定，分别表示相识、相见、告别、友好、祝贺、感谢、鼓励、支持、慰问等不同意义。握手的力度、姿势与时间长短往往能够表达出握手双方对对方的不同礼遇与态度，也可通过握手了解对方的个性，从而赢得交际的主动。

（一）握手的时机

1.可握手的场合

下列场合，一般可与对方握手。

（1）遇到较长时间没见面的熟人，应与其握手，以示对久别重逢的万分欣喜；

（2）在比较正式的场合和认识的人道别，应与之握手，以示自己的惜别之意以及希望对方珍重之心；

（3）在以本人作为东道主的社交场合，迎接或送别来访者时，应与对方握手，以示欢迎或欢送；

（4）拜访他人后，在辞行的时候，应与对方握手，以示再会；

（5）被介绍给不认识的人时，应与之握手，以示自己乐于结识对方，并以此深感荣幸；

（6）在社交场合，偶然遇上亲朋故旧或上司的时候，应与之握手，以示高兴与问候；

（7）别人给予你一定的支持、鼓励或帮助时，应与之握手，以示衷心感激；

（8）向他人表示感谢、恭喜、祝贺时，应与之握手，以示贺喜之诚意；

（9）他人向自己表示贺喜、祝贺之时，应与之握手，以示谢意；

（10）对别人表示理解、支持、肯定时，应与之握手，以示真心诚意；

（11）应邀参加社交活动，如舞会、宴会等之后，应与主人握手，以示谢意；

（12）在重要的社交活动，如沙龙、婚礼开始前与结束时，主人应与来宾握手，以示欢迎与道别；

（13）得知别人患病、失恋、失业、降职或遭受其他挫折时，应与之握手，以示慰问；

（14）向别人赠送礼品或颁发奖品时，应与之握手，以示郑重其事；

（15）他人向自己赠送礼品或颁发奖品时，应与之握手，以示感谢。

2. 不宜握手的场合

在下述一些时刻或场合，因种种原因，不宜同交往对象行握手礼。此时，可采用对方理解的方式向其致意。

（1）对方手部负伤；

（2）对方手中携带物品；

（3）对方忙于其他的事情，如打电话、用餐、与他人交谈等；

（4）对方与自己距离较远；

（5）对方所处环境不适合握手。

（二）握手的次序

在正式的场合，行握手礼最重要的礼仪问题，是握手的双方应当由谁先伸手发起握手，即握手的先后次序问题。倘若对此一无所知，在与他人握手时，轻率地抢先伸出手去而得不到对方的回应，那种场景是令人非常尴尬的。

握手礼一般遵循"位尊者先伸手"的原则。主人、长辈、上司、女士主动伸出手，客人、晚辈、下属、男士再相迎握手。长辈与晚辈之间，长辈伸手后，晚辈才能伸手相握；上下级之间，上级伸手后，下级才能接握；主人与客人之间，主人宜主动伸手；男女之间，女方伸出手后，男方才能伸手相握；如果男性年长，是女性的父辈年龄，在一般的社交场合中仍以女性先伸手为主，除非男性已是祖辈年龄，或女性未成年在20岁以下，则男性先伸手是适宜的。

握手顺序的两种特殊情况：

1. 主宾之间握手。当客人抵达时，不论对方是男士还是女士，主人都应该主动先伸出手；当客人告辞时，则应由客人先伸出手。前者表示欢迎，后者表示再见，若次序颠倒，容易让人发生误解。

2. 一对多握手。握手时应讲究先后次序，由尊而卑，即先年长后年幼，先长辈后晚辈，先老师后学生，先已婚者后未婚者，先上级后下级，先职位、身份高后职位、身份低。也可以按顺时针方向依次握手。

应当注意的是，握手时的先后次序可以用来律己，却不必用来处处苛求于人，如果自己处于尊者之位，而位卑者抢先伸手要求相握时，最得体的做法还是与之配合。若是过分拘泥于礼仪，对其视而不见，置之不理，令对方进退两难，当场出丑，也是失礼于

对方的表现。

（三）握手的姿势

行握手礼时，不必相隔很远就伸直手臂，也不要距离太近，距对方约一步远，上身稍向前倾，两足立正，伸出右手，四指并拢，虎口相交，拇指张开下滑，向受礼者握手。同时，还要注意以下几点：

1. 神态自然。与人握手时，理当神态专注、热情、友好、自然。在通常情况下，与人握手时，应面含笑意，目视对方双眼，并且口道问候，切勿显得自己三心二意、敷衍了事、傲慢冷淡。

2. 一定要用右手握手，要紧握对方的手，时间一般以1～3秒为宜。同时，要力度适中，过紧的握手，或是只用手指部位漫不经心地接触对方的手都是不礼貌的。

3. 被介绍之后，最好不要立即主动伸手。年轻者、职务低者被介绍给年长者、职务高者时，应根据年长者、职务高者的反应行事，即当年长者、职务高者用点头致意代替握手时，年轻者、职务低者也应随之点头致意。和女性握手，一般男士不要先伸手。

4. 握手时，年轻者对年长者、职务低者对职务高者都应稍稍欠身相握。有时为表示特别尊敬，可用双手迎握。男士握手时应脱帽，切忌戴手套握手。

5. 在任何情况下拒绝对方主动要求握手的举动都是无礼的，但手上有水或不干净时，应谢绝握手，同时必须解释并致歉。

（四）握手的禁忌

在人际交往中，握手虽然司空见惯，看似寻常，但是由于它可以被用来传递多种信息，因此，在行握手礼的时候应努力做到合乎规范，并且避免以下禁忌：

1. 不要用左手相握，尤其是和阿拉伯人、印度人打交道时要牢记，因为在他们看来左手是不洁的；

2. 不要在握手时争先恐后，应当遵守秩序，依次而行。特别要记住，与基督徒交往时，要避免两人握手时与另外两人相握的手形成交叉状。那种形状类似十字架，这在基督徒看来是很不吉利的；

3. 不要在握手时戴着手套或墨镜，只有女士在社交场合戴着薄纱手套握手，患有眼疾或眼部有缺陷者戴墨镜，才是被允许的；

4. 不要在握手时另外一只手插在衣袋里或拿着东西不肯放下；

5. 不要在握手时面无表情、不置一词或长篇大论、点头哈腰、过分客套，这都会使对方不舒服、不自在；

6. 不要在握手时仅仅握住对方的手指尖，好像有意与对方保持距离。正确的做法，是要握住整个手掌；

7. 不要在握手时把对方的手拉过来、推过去，或者上下左右抖个没完；

8. 不要拒绝和别人握手，有手疾或汗湿、弄脏了，要和对方说"对不起，我的手现在不方便"，以免造成误会；

9. 不要在握完手之后当着别人的面擦手，也不要以肮脏不洁或患有传染性疾病的手与他人相握。

三、名片礼仪

在社交场合与他人进行交际应酬时，我们都离不开名片，可见，名片已成为人们社交活动的重要工具。一张小小的名片，一个交换名片的动作，却透露着一种内在的修养，一种内涵。因此，名片的递送、接受、存放也要讲究礼仪。

（一）名片使用与携带

1. 名片的使用

在现代生活中，一个不会使用名片的人往往是缺乏交际经验的人。对于名片的使用，我们首先要了解其"三不准原则"。

（1）名片不能随意进行涂改。有人名片更新速度与手机号码更换不同步，就用笔在以前的号码上画一杠，然后把新号码写在上面；有人制作名片时特意将手机号位置留空，到给人派送时再手写添加，龙飞凤舞。实际上这两种行为都是不可取的。

（2）名片不印两个以上的头衔。有的人头衔一大堆，给人用心不专的感觉。一般只写一个头衔，这样对象化明显。有地位、有身份的商务和公务人士可能一人准备多张名片，对不同的交往对象，可以提供不同的名片。

（3）名片不提供私人住宅电话。名片主要用于商务和公务交往，而私人住宅电话严格意义上来说涉及个人隐私，不能公私不分。

2. 名片的携带

我们在参加正式社交活动之前，都应随身携带自己的名片，以备交往之用。名片的携带应注意以下三点。

第一，足量适用。在社交场合活动中携带的名片一定要数量充足，确保够用。所带名片要分门别类，根据不同交往对象使用不同的名片。

第二，完好无损。名片要保持干净整洁，切不可出现褶皱、破烂、污损、涂改的情况。

第三，放置到位。名片应统一置于名片夹、公文包或上衣口袋之内，在办公室时还可以放于名片架或办公桌内。切不可随便放在钱包、裤袋之内。存放的位置要固定，以免需要名片的时候东寻西找，显得毫无准备。

（二）递交名片

与人交往时，递交名片要注意以下几点：

1. 观察意愿

除非自己想主动与人结识，否则名片务必要在双方均有结识对方并欲建立联系的意愿前提下发送。这种愿望往往会通过"幸会""认识你很高兴"等一类谦语以及表情、体姿等非语言符号体现出来。如果双方或一方并没有这种愿望，则无须发送名片，否则会有故意炫耀、强加于人之嫌。

2. 把握时机

发送名片要掌握适宜时机，只有在确有必要时发送名片，才会令名片发挥功效。勿太早向对方递出你的名片，尤其是初次面对完全陌生的人和偶然认识的人。发送名片一般应选择初识之际或分别之时，不宜过早或过迟。参加同业会议时，交换名片通常在会议开始时，有时在结束时进行。不要在用餐、看戏、跳舞时发送名片，也不要在大庭广众之下向多位陌生人发送名片。

一般来说，遇到以下情况时需要将自己的名片递送他人，或与对方交换名片：

（1）希望认识对方；

（2）被介绍给对方；

（3）对方向自己索要名片；

（4）对方提议交换名片；

（5）打算获得对方的名片；

（6）初次登门拜访对方；

（7）通知对方自己的变更情况。

要注意的是，不要把自己的名片随意散发给陌生人，防止被人不正当使用。另外，下列情况，不需要递送名片：

（1）对方是陌生人而且以后也不需要交往；

（2）不想认识对方或与对方深交；

（3）对方对自己并无兴趣；

（4）经常见面的双方；

（5）双方之间的地位、身份、年龄悬殊。

3. 讲究顺序

双方交换名片时，应当首先由地位低者向地位高者发送名片，再由后者发给前者，即男士先女士后，晚辈先长辈后，下级先上级后，主人先客人后。但在多人之间递交名片时，不宜以职务高低决定发送顺序，切勿跳跃式进行发送，甚至遗漏其中某些人。最佳方法是由近而远、按顺时针或逆时针方向依次发送，如在宴会或会议室内，对方人员呈圆桌状分布时，应该按照顺时针方向旋转递送。

4. 发送技巧

递上名片前，应当先打招呼后递上名片，令对方有所准备。既可先做一下自我介绍，也可以说声"对不起，请稍候""可否交换一下名片"之类的提示语。递送名片时应该起身站立，走上前或身体适度前倾。注意不要将名片举得高于胸部递送给人。用双手或右手拿住名片的上角递送，注意将名片正面对着对方，如对方为外宾应该将名片上印有外文的一面对着对方。递交名片时，还应顺便说些客气词语如"请多多指教""多谢关照""常联系"等。

发送名片时，不要用左手递交名片；不要将名片背面对着对方或者颠倒着面对对方；不要将名片举得高于胸部；不要手指夹着名片给人。

（三）接受名片

接受他人名片时，主要应做好以下几点：

1. 态度谦和

接受他人名片时，不论有多忙，都要暂停手中一切事情，并起身站立相迎，面含微笑注视对方。接名片时，要双手接捧或以右手接过，并以客气语言表示感谢，绝对不要冷若冰霜、自傲清高。

2. 认真阅读

接过对方名片后，先向对方致谢，然后要将其从头至尾认真浏览默读一遍，第一表示对别人的尊重，第二可以了解对方的确切身份。在默读名片过程中，如遇有显示对方荣耀的职务、头衔时不妨轻读出声，以示尊重和敬佩。若对方名片上的内容有所不明，可当场请教对方。

3. 有来有往

接受了他人的名片后要当即回敬对方。若没有名片、名片用完了或者忘带名片时，应向对方做出合理解释并致以歉意，切莫毫无反应。

4. 精心收藏

接到他人名片后，切勿将其随意乱丢乱放、乱揉乱折，应该在现场收藏。一般将对方名片放在自己的名片包内，再放入公文包、办公桌或上衣口袋内，且应与本人名片区别放置。名片的日后整理也非常重要，要养成及时整理名片的习惯，按照姓名、国籍、性别、单位、类别等输入电脑。

（四）索要名片

按照惯例，通常情况下，最好不要直接开口向他人索要名片。但若想主动结识对方或者因其他原因有必要索取对方名片时，可采取直接索取法、礼貌互换法和谦恭索取法来获得。

直接索取法。一般来说，这种方法在比较熟悉的朋友间才适用。因工作变动、久未联系、电话变更等原因需要更新对方联络资料时，可以直接向朋友索要新的名片。

礼貌互换法。即以名片换名片，这一方法，适用于大多数交际场合。将欲取之，必先予之，如果想讨要某位感兴趣人士的名片，最好的方式是将自己的名片递上。即便大家不是特别熟悉，一般情况下，出于礼貌对方都会乐意与你互换名片。如果担心对方不回送，可在递上名片时明言此意："能否有幸与您交换一下名片？"

谦恭索取法。跟名人、长辈或地位比较高的人讨要名片时，可以以一种委婉、含蓄、客气的语气，向对方表明自己的敬意，同时给对方以暗示。实例："张教授，您的演讲非常精彩！我本人也是做贸易工作的，听了您的课感觉收获良多，不知道以后还能不能有机会再向您请教？"

面对他人的索取，不应直接加以拒绝，确有必要这么做，则应注意分寸。一个有素养有礼貌的人，会在适当的场合运用善意的欺骗。真的不想给的话，可说名片刚派完，或者说出门忘带了。

四、引导礼仪

"礼者，敬人也"，礼仪的施行，是为了对别人表示尊敬。日常社交活动中，我们应该懂得基本的引导礼仪，引领客人到达目的地，应该有正确的引导方法和引导姿势。

（一）引导方位原则

中国人有好客的传统，讲究"自卑而尊人"，同样的身份、地位，以客为尊，把客人让到尊位。引导礼仪涉及主宾双方，自然也就需要遵循必要的方位礼仪。方位礼仪发展到今天，更加丰富和完善，在不同的场合有不同的原则，归纳起来主要有以下几点：居中为上；以远为上；以前为上；面门为上；观景为上；以高为上；等等。人们在不同的场合、不同的情境中，应遵循相应的礼仪原则。

（二）引导礼仪三要素

引导礼仪的三要素包括引导位置、引导手势、引导语言。

1. 引导位置

引导人员应站在来宾的左前方，距来宾0.5~1.5米，五指并拢，手心向上与胸齐，以肘为轴向外转，传达"以右为尊、以客为尊"的理念，来宾人数越多，引导的距离也应该越远，以免照顾不周。

（1）常规情况

多人并行时，中央高于两侧，内侧高于外侧，一般让尊者、客人走在中央或内侧；引领者走在客人左前两三步的位置；示意方向时，头部和上身侧转130度左右向着客人，用左手指示；要配合客人的行走速度；保持亲切的微笑和认真倾听的姿态；如客人带有物品，可以礼貌地为其服务；途中注意引导提醒，如在拐弯或有楼梯台阶的地方应使用手势，并提醒客人"这边请""注意楼梯""有台阶，请注意"等。

（2）特殊情境

上下楼梯。一般而言，上下楼梯要靠右侧单行行进。引导客人上楼梯时，客人走前面，陪同者跟在后面；下楼梯时，陪同者走前面。楼梯中间的位置是上位，但若有栏杆，就应让客人扶着栏杆走；如果是螺旋梯，则应该让客人走内侧。女士引领男宾，宾客走在前面；男士引领女宾，男士走在前面；男士引领男宾，上楼宾客走前，下楼引领者走前；若宾客不清楚线路，则引领者走前。途中要注意引导提醒客人拐弯或有楼梯台阶的地方应使用手势，并提醒客人"这边请"或"注意楼梯"等。上下楼梯时，要提醒客人"请小心"。

引导至电梯口。如果只有一位来宾，引导人员按住按钮，请客人进入。如果有两位以上来宾，引导人员与电梯门呈90度角站立，用靠近电梯门一侧的手采用直臂式手势护梯，另外一只手用曲臂式手势邀请来宾进入。如果有两位以上，先说"请稍等"。然后走进电梯，用另一只手邀请来宾进入。出电梯时，按住按钮说"您先请"，等来宾都走出后，再走出去引导。电梯站位。电梯右侧有按钮时，如图4-2所示，则2号位为大位，4号位为二位，3号位为三位，5号位为四位，1号位为五位，若电梯两侧都有按钮，则只需1号位与5号位互换位置。

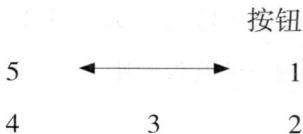

按钮

5 ←————→ 1

4　　　3　　　2

图 4-2　电梯站位示意图

出入房门。若无特殊原因，位高者先出入房门；若有特殊情况，如室内无灯昏暗或者是室内仍需要引导时，陪同者宜先进入；出去时，也是陪同者先出，为客人拉门引导。客人走入会客厅，接待人员用手指示，请客人坐下，客人坐下后，行点头礼后离开。如客人错坐下座，应请客人改坐上座（一般靠近门的一方为下座）。

开关门。手拉门，引导人员应先拉开门说："请稍等。"靠近把手的手拉住门，站在门旁，用曲臂式手势请大家进门，然后把门关上；手推门，引导人员推开门说"请稍等"，然后先进，握住门后把手，用横摆式手势请来宾进来。

2. 引导手势

常用引导手势有以下四种。

（1）横摆式。即手臂向外侧横向摆动，指尖指向被引导或指示的方向，适用于指示方向时。

单臂横摆式：将五指伸直并拢，手心不要凹陷，手与地面呈45度角，手心向斜上方。腕关节与肘关节呈45度夹角，以肘关节为轴向右摆动，到身体右侧稍前的地方停住。同时，双脚形成右丁字步，左手下垂，目视来宾，面带微笑。这是在门口处常用的谦让礼姿势，意思为请、请进。如图4-3所示。

双臂横摆式：面对较多来宾时，表达"请"的意思，可采用双臂横摆式。将双手由体前抬起到腹部再向两侧摆到身体的侧前方，这是面向来宾时的手势。若是站在来宾的侧面，则两手从体前抬起，同时向一侧摆动，两臂间保持一定的距离。如图4-3所示。

图 4-3 横摆式

（2）直臂式。手臂向外侧摆动，指尖指向前方，手臂抬至肩高，适用于指示物品所在。以右手为例：五指伸直并拢，手心斜向上，曲肘由腹前抬起，向应到的方向摆去，摆到肩的高度时停止，肘关节基本伸直，再向要行进的方向伸出前臂。应注意在指引方向时，身体要侧向来宾，眼睛要兼顾所指方向和来宾，直到来宾表示已经清楚了方向，再把手臂放下，向后退一步，施礼并说"请您走好"等礼貌用语。如图4-4所示。

（3）曲臂式。手臂弯曲，由体侧向体前摆动，手臂高度在胸部以下，适用于请人进门时。当一只手拿着东西，扶着电梯门或房门，同时要做出"请"的手势时，可以采用曲臂手势。以右手为例：五指伸直并拢，从身体的侧前方向上抬起，至上臂离开身体的高度，然后以肘关节为轴，手臂由体侧向体前摆动，摆到手与身体相距20厘米处停止，面向右侧，目视来宾。如图4-5所示。

（4）斜臂式。手臂由上向下斜身摆动，适用于请人入座时。请来宾入座时，手势要斜向下方。首先用双手将椅子向后拉开，然后，一只手曲臂由前抬起，以肘关节为轴由上而下摆动，指向斜下方（客人落座的地方），距身体45度处，手臂向下形成一条斜线，并微笑点头示意来宾。如图4-6所示。

图 4-4　直臂式　　　　　图 4-5　曲臂式　　　　　图 4-6　斜臂式

3. 引导语言

引导语言要明确而规范，多用敬语"您好""请"，以表达对来宾的尊重。

（三）引领注意事项

引导人员在引导来宾时，应注意以下注意事项：

其一，通常情况下，引导人员在来宾的左前方；

其二，引导人员的步调要适应来宾的速度；

其三，引导时，多用语言提醒，多用敬语，注意保护来宾的安全。

第二节　交往有序，礼尚往来

人与动物的重要区别之一是人有社会性。人不能离群索居，需要有各种交际活动，中国人为人做事讲究礼数，以做客为例，从准备礼物到登门拜见，从入座交谈到辞别、回访，主客双方都应恰如其分地向对方表达敬意。因而在神情仪容、肢体动作以及语言表达等方面，都有礼仪上的讲究。其中许多礼节，如果不了解，就有可能适得其反，引起他人的不快。

一、拜访礼仪

拜访一般是指前往他人的工作地点或者私人居所会晤对方，探望对方，或是与之进行其他方面的接触，不论是商务交往还是私人交往，拜访早已成为人们习以为常的一种社交方式，它是一种双向性的活动，在拜访活动中，宾主双方都应该遵守本分，依照相应的礼仪规范行事，只有这样，拜访活动才能圆满成功。

（一）拜访前的准备

人与人交接、相见，是生活中最常见的现象。古代中国有知识的人相见，要经过相当程式化的礼仪，以表达内心的诚敬。当今社会拜访他人，同样也需要选择适当时间，不做不速之客，这是进行拜访活动的首要原则。预约的方式可以是发信息或打电话，要约定宾主双方都认为比较合适的会面地点和时间，到私人住宅拜访一般安排在晚上七点半到八点，或者节假日的前夕；到办公室拜访最好安排在星期二到星期五之间。此外，还要把访问的意图告诉对方，预约的口气应该是友好的、商量式的，而不是强硬的、命令式的，拜访时间应该以不打扰对方正常的工作为原则，一定要根据对方的时间安排拜访的时间。未曾约定的拜会，属失礼之举，是不受欢迎的。因事急或事先并无约定，但又必须前往时，则应见到主人后立即致歉，并说明打搅的原因。在确定好拜访时间之后，拜访前一天或者当天可以再次确定，以防对方不在办公室。已经约好的时间，在拜访时必须遵守，最好是提前5分钟到，不要早到或迟到，更不能随意更改时间。在对外交往中，更应严格遵守时间，有的国家安排拜访时间常以分为计算单位，如拜访迟到10分钟，对方就会谢绝拜会。准时赴约是国际交往的基本要求。赴约时要衣冠整洁、得体。

先秦时期，人们进行礼节性的会见，都是带着"挚"的，"挚"就是礼物。《仪礼》说："（某）不以挚，不敢见。"礼物的作用在于表达心意，不能用物质价值的高低来衡量。选择礼物时要考虑到对方的年龄、性别、兴趣爱好、民族、习惯及文化修养等，尊重当地送礼禁忌；要对礼物进行适当包装；礼品包装之前，应当去除该礼品的价格标签。

（二）拜访过程中的礼仪

拜访中，一个人的行为举止既体现他的道德修养、文化水平，又能表现出他与别人交往的诚意，更关系到一个人形象的塑造，甚至会影响到企业的形象。

1.拜访敲门礼仪

敲门是拜访中的礼仪细节，直接关系到拜访的成功与否，是关系公司形象或者个人素养的不可估量的细节因素。正确的敲门礼仪不仅是对他人的尊重，更是对自己的尊重。敲门最适当的做法应该是先敲三下，没有反应，隔一会儿，再敲。敲门的声音要有节奏而且要控制适当，不要太重，不能用拳头捶门，不能用手掌砸门，更不能用脚踢门。敲门听到里面有人过来，自觉地后退几步以便里面的人开门。这样做的好处也是方便别人看清楚来访者是谁，要不要开门。即使门是开着的，也应该有礼貌地进行敲门，以便提醒对方有来访者。

2. 拜访交谈礼仪

交谈是宾主相见的核心部分。进入这个阶段，一般来说，宾主首先要互相寒暄，询问对方的健康、生活、工作状况，然后再切入正题。交谈时要把握的一个原则是话题应由主人主导。谈话要言之有物，要谈自己的见解，不要不着边际地胡扯。客人说话要低调、谦虚，如果主人是尊长，就更要注意。对方问自己某一件事，一定要等他把话说完，然后再应对。

总之，作为访客，在拜访交谈过程中，一定要注意交谈的内容应该清晰、简短、明了。交谈中要集中于正题，少说或不说废话。要认真聆听对方讲话，并注意对方情绪的变化，适时而恰当地应对，不要用争辩和补充说明打断对方的话。同时，也要注意对时间的把控，特别是去拜访顾客的时候，一定要注意在对方办公室停留的时间长度，应当具备良好的时间观念，不要因为停留时间过长影响对方的安排。拜访中，尤其是初次拜访，时间应控制在15~30分钟；最长拜访时间，通常也不应超过两个小时。重要的商务拜访，双方会提前确定拜访的时间以及长度。在这种情况下，就务必要严守时间约定，绝不能单方面地延长拜访的时间或者推迟时间。拜访者提出告辞时，即使被访者表示挽留，仍需要决意离开。

3. 拜访注意事项

（1）随身携带的物品一般按照主人的安排放置为宜；随身携带的公文包，最好不要放在双方交谈的桌子上面；如果是冬天，在交谈之前最好脱去外面的大衣放在指定的位置，如果不清楚可以询问接待人员。

（2）当按时到达预约地点，要拜访的人正好会客或正在处理紧急事务而一时不能脱身时，应耐心地等待。即使等候的时间过长，也不要流露出不耐烦的样子。

（3）当对方或者对方公司接待送上茶水时，均应该从座位上起身，双手接过来，并表示感谢。

（4）拜访者一定要注意自身良好的形象，切勿跷着二郎腿、乱弹烟灰、抓耳挠腮、斜靠座椅、粗言粗语、谎话连篇等，否则客户将对拜访者产生强烈的不信任感和厌烦感，甚至会由此对拜访者所在的公司产生不信任感。

（三）拜访道别礼仪

拜访必须做到善始善终，应把握以下几点：

1. 告别适时。按照预约的时间准时离开，最好提前五分钟。

2. 道别全面。要对拜访中交谈的所有人道别。

3. 礼貌周到。起身告辞时，要向主人表示"打扰"之歉意，出门后，回身主动伸手与主人握手道别，说："请留步。"待主人留步后，走几步再回首挥手致意。

二、接待礼仪

迎来送往，是社会交往接待活动中最基本的形式和重要环节，是表达主人情谊、体现礼貌素养的重要方面。

（一）待客礼仪

1. 周全准备

家里有客人来，主人应提前做好准备，如备好茶、水果、点心等待客之物，同时还要注意个人的仪容，要大方、得体，待客环境要安静、整洁。

2. 热情迎客

听到客人敲门或者按门铃，主人要尽快应答、开门，并热情表达对客人的欢迎之意，对初次上门拜访的客人要主动握手表示欢迎。如果客人提有重物，招呼过后，应接过重物帮助放好。但若是客人手中提的是礼物，则不能主动上前接过。

3. 入座遵礼

客人进屋后，通常请客人坐上位，即离房门较远的位子，离门口近的座位为下位。目前国际上通常认为右为上，因此入座时常请客人坐在主人的右侧。如若客人是一对夫妇，最好让他们坐在一起，而不要分开。一般来讲，坐长沙发比坐单人沙发更显尊贵。当然具体如何让座，要根据具体房间的环境、座位的优劣、用茶的方便以及个人习惯综合考虑。在接待中，要同时有"请""让"等接待用语和相应的手势，并请客人落座。要根据实际情况选择座位较好的沙发、椅子。客人到来后，应以客人为中心，满足客人的需要，给客人以充分的重视。

4. 依礼上茶

我国自古就有客来敬茶的传统礼仪，中国人在办公室、家里接待客人时，茶水是必备的。专门举行茶会招待来宾也是商务活动中常见的。客人落座后，首先应端茶递水，如果是盛夏，也可以送上清凉饮品。以茶待客时尤其要注意以下几个方面：

（1）茶杯。为客人沏茶之前，先洗手，并洗净茶杯；茶杯要无破损、无裂纹、无茶锈；茶杯以陶瓷制品为宜。在冲茶、倒茶之前最好用90℃以上的开水冲烫茶壶、茶杯。

（2）茶叶。先说出准备好的茶叶种类，然后问客人喝什么茶。放置的茶叶不宜过多，也不宜太少。茶叶过多，茶味过浓；茶叶太少，冲出的茶没啥味道。假如客人主动介绍自己喜欢喝浓茶或淡茶的习惯，那就按照客人的口味把茶冲好。

（3）倒茶。倒茶时，无论是大杯小杯，都不宜倒得太满，斟七八成满即可，一方面暗喻了"七分茶三分情"之意，另一方面客人在拿茶杯时也不容易烫到手。

（4）上茶。主人向客人上茶时，应起立，最好使用托盘，先将托盘放在桌上，再取出茶杯，双手敬上，并轻声招呼："请用茶！"注意要将茶杯放在安全的地方，且杯耳朝着客人。如需要将茶壶放置在桌上，应将茶壶嘴对外而不能对人。客人亦应起立，以双手接过茶杯，道以"谢谢"。

（5）喝茶。喝茶时只宜小口仔细品尝，不可大口喝水，发出响声；漂浮在水面上的茶叶，不可用手从杯中捞出，也不要吃茶叶。

（6）添茶。如果上司和客户的杯子里需要添茶了，你要义不容辞地去给他们添茶。你可以示意服务生来添茶。添茶的时候要先为客人上茶，后为主人上茶。如果客人有多位，要先为主宾上茶，后为次宾上茶；先为长辈上茶，后为晚辈上茶；先为女士上茶，后为男士上茶。

（二）送客礼仪

送客礼仪是接待工作的最后一个环节，正所谓"出迎三步，身送七步"，有始有终才是真正的送客之道。客人提出告辞，要加以挽留，如果客人要走，则不必再三勉强。有时对方的告辞是试探性的，是对主人是否有兴趣继续谈下去的观察。所以，当对方提前告辞时，切不可急于起身送客。一定要等其起身告辞时，再起身与之握手告别，热情相送。

送客要送到门外或电梯口（等电梯门关闭后再走），叮嘱客户小心慢走，下楼注意台阶；如是初次来的客户，要告诉返回的路线；如遇下雨，要给客户拿出雨具；对年长或上级应送至楼下或车门边，再握手道别；客人离去了，主人不要马上转身回去，而是再目送一阵，要以恭敬真诚的态度、笑容可掬的表情鞠躬或者挥手致意，大概等到客人走出一百步，不再回头的时候主人才能回去；如果客人是乘车离开的，则主人应等到车开动之后再返回。

三、馈赠礼仪

在现代交往中，互送礼品可以让人感觉到自己被重视，也是一种感情的传递，能使双方之间架起一个互通的桥梁。得体的馈赠恰似无声的使者，给交际活动锦上添花，给人们之间的感情和友谊注入新的活力。但是在馈赠礼物时，必须遵守一些基本的礼仪，否则往往会有适得其反的效果。

（一）馈赠的原则

1. 纪念性原则。纪念性是指礼品要与一定的人、事、环境有关系，让受礼人见物思人忆事。选择礼品应和送礼时的事件、人物有关，要有一定的寓意，达到"礼轻情意重"的效果。

2. 民族性原则。每个民族、国家都有自己独特的文化传统和特点。越是民族的东西，就越是世界的。赠送礼品时选择具有民族或地方特色的礼品，往往给人留下深刻印象，因为独特而弥足珍贵。

3. 针对性原则。送礼一定要看对象。不论是国际交流还是国内交往，也不论是正式活动还是私人应酬，交往对象的国家、民族不同，年龄、性别、职业、兴趣等各异，选择礼物时要做到因人而异、因时而异。因人而异，即要投其所好，根据不同的对象选择不同的礼品，满足不同的需要，尽量把礼品送到受礼人心坎儿上；因时而异，即在不同情况下，向受礼人赠送不同的礼品，比如，出席家宴、看望病人、求人办事等场合选择的礼品都有区别。

4. 入乡随俗原则。不同民族、国家有不同的文化传统，也就有不同的文化禁忌。某件礼品在中国是受欢迎的，在其他国家可能是忌讳的，所以送礼时要考虑民族、地区的禁忌。

5. 与时俱进原则。馈赠礼品也要适应时代发展与人们物质文化生活水平的需要，选择一些新鲜事物作为礼物也是不错的选择。

6. 量力而行原则。在送礼之前，应该考虑到自身的经济能力，量入而出，切莫只要面子讲究攀比。其实礼物也不是说越贵就越好，过于贵重的礼物也可能给对方造成太大压力，因为礼尚往来，对方也需要给予相应的回礼。所以，送礼讲究的是情义，不要过分攀比。

（二）礼品的选择

礼品大致可以分为两类。一类是可以长期保存的，如工艺品、书画、照片等；另外一类是保存时间较短的，如食品、鲜花等。礼品的选择是一门艺术，无论是送与个人还是公司，都要选择合适的礼品。如何选择礼品，要考虑以下几点。

1. 受礼人的特点

选择商用礼品时首先应考虑受礼方的性别、婚姻状况、教育背景、风俗习惯等。最好选择那种具有鲜明特点和特定意义，符合礼仪规范的礼品。这样，既不会增加受礼人的心理负担，又能受到对方的重视和喜爱。

2. 受礼人的喜好

选择礼品，应尽量满足对方的兴趣和爱好，不过在选择礼品时也要量力而行。如果仅仅为了投其所好，超越了企业、公司的承受能力，不仅没有必要，而且会让对方认为此行为是另有所图，不敢或不便接受所赠礼品，即使接受也会于心不安。

3. 送礼的目的

选择礼品时，还要考虑送礼的目的。如选择的礼品是用于迎接客户还是送别，是慰问探望还是祝贺感谢，是节假良辰还是婚丧喜庆等。目的不同，用途不同，礼品的意义也不同。

4. 与受礼人的关系

在选择礼品时，还要明确自己与受礼人之间的关系，然后做出选择。通常，商务人员代表企业、公司为客商选择礼品时，主要侧重于礼品的精神价值和纪念意义。商务人员在涉外交往中更要注意礼品的选择。一般情况下，第一次拜访和赠送外国客商礼品，带给对方中国特色的礼品是非常受他们欢迎的。

（三）赠送要得体

把礼品精美地包装起来，一方面是表示送礼人把送礼作为很隆重的事，以此表达对受礼人的尊敬；另一方面，受礼人不能直接看到礼品，会留有悬念。如果是恰当的礼物，那么受礼人打开包装看到中意的礼品时，一定会喜出望外。这给送礼又添了一分情趣，受礼人加深了对送礼人的好印象，起到了增进关系的作用。因此作为礼品外衣的包装一定要有。重视包装要做到两点：一是包装所用的材料，要尽量好一点；二是在礼品包装纸的颜色、图案，包装后的形状，缎带的颜色、结法等方面，要注意尊重受礼人的文化背景、风俗习惯和禁忌，不要犯忌。

馈赠的方式一般有当面赠送、托人转交和邮寄赠送。无论哪种方式，都要恰当地表明赠送的意图。具体方法如下：

一是说明意图。应在适当的时机和场合赠送礼品，送礼前应先向对方致意问候，简要委婉说明送礼的意图，如"祝你工作顺利""真是感谢你上次的帮助"等。

二是介绍礼品。赠送礼品时，送礼者应对礼品寓意、礼品使用方法、礼品特色等适当明确解释。邮寄赠送或托人赠送时，应附上一份礼笺，用规范、礼貌的语句解释送礼缘由。在当面赠送礼品时，则应亲自道明送礼原因和礼品寓意，并附带说一些尊重、礼貌的吉言敬语。

三是仪态大方。在面交礼品时，送礼者应着装规范，起身站立，面带微笑，目视对方，双手递交。将礼品交与对方后，与对方热情握手。

中国人有自谦的习惯，送礼时一般喜欢强调自己礼品的微薄，而不介绍所送礼品的稀罕、珍贵或是多种用途和性能，如"区区薄礼不成敬意，请笑纳"等。西方人在送礼时，喜欢向受礼者介绍礼品的独特意义和价值，以表示自己对对方特别重视。总之，得体的寒暄一是表达送礼者的心意，二是让受礼者受之心安。

（四）受礼有规矩

在一般情况下，他人诚心诚意赠送的礼品，只要不是违法、违规的物品，应该大大方方、欣然接受为好，在这一过程中，也要遵循相应的规矩礼节。

1.受礼要有礼节

接受别人的礼物时也要符合礼仪规范，当送礼者取出礼品时，接受礼物方的得体之法应当是表现得大方稳重，认真且面带微笑地注视着对方，在对方递上礼物的时候，要用双手接住，然后将礼物放在自己的左手上，将右手空出来和对方握手。如果礼物较大不是很方便的话，可以将礼物放在桌子上，然后和对方握手，同时要说一些感谢之类的礼貌用语。如果当时有时间的话，可以当着对方的面将礼物拆封，但动作一定要轻柔文雅，以防将礼物弄坏，同时要对礼物进行一番赞美；如果礼物是他人转交或者是寄交的话，要在接受礼物时通知对方礼物已到并表示感谢。

2.拒礼要有分寸

拒收礼品时，应保持礼貌、从容、自然、友好的态度，先向对方表达感谢之情，再向对方详细说明拒收的原因，切忌生硬阻挡，以免对方难堪。拒收礼品时可采用婉言相告法、直言缘由法和事后退还法三种方法。

3. 受礼后要还礼

来而不往非礼也，接受别人礼物之后也要在适当的时候予以还礼，表示自己想和对方保持良好关系，也是对对方的一种重视与尊重，但要把握分寸、把握时机。

还礼的时间。选择还礼的时间，要讲"后会有期"。最佳的选择有三：一是在对方赠送给自己礼品的同时；二是在对方或其家人的某个喜庆活动时；三是在此后登门拜访时。还礼不是"还债"，要讲自觉自愿。还礼次数也不要过多，完全没有必要再三再四地还礼。可以在对方面前或公众场合使用或佩戴对方赠送的礼物，也可以在对方有困难的时候提供帮助。

还礼的形式。如果还礼的形式不对路，"还"不如"不还"。一般来说，还礼可以采取两种形式，一种是赠送所受的同类物品，一种是可以选择和对方相赠礼品价格差不多的物品作为还礼。

【相关链接】

品味中国茶礼仪

清茶礼仪

上茶之前茶具要清洁。客人进屋后，先让座，后备茶。冲茶之前，一定要把茶具洗干净，尤其是久置未用的茶具，难免沾上灰尘、污垢，更要细心地用清水洗刷一遍。在冲茶、倒茶之前最好用开水烫一下茶壶、茶杯。一般情况下红茶用紫砂、绿茶用青花。

当有外国客人来的时候，送茶水之前最好确认下是要茶还是咖啡，咖啡是否要加糖，可能的话，多准备几种茶叶，使客人可以有多种选择。以咖啡或红茶待客时，杯耳和茶匙的握柄要朝着客人的右边。

喝茶的环境应该静谧、幽雅、洁净、舒适，让人有随遇而安的感觉。选茶也要因人而异，如北方人喜欢饮香味茶，江浙人喜欢饮清芬的绿茶，闽粤人则喜欢酽郁的乌龙茶、普洱茶等。茶具可以用精美独特的，也可以用简单质朴的。

沏茶礼仪

沏茶时茶水要适量。茶叶不宜过多，也不宜太少。从医学角度来讲，喝茶不要太浓，如果客人有特别要求的例外。以茶待客讲究要上热茶，但水温不宜太烫，以免客人不小心被烫伤。

为访客准备的茶水，大都是在茶水间倒好再端到会客室里去的。到会客室的距离越长，茶水溢出来的可能性就越大。如果将茶水加满，在端到会客室去的路上，托盘就会湿透，这样很不礼貌。第一遍泡的茶要倒掉，第二杯茶才能给客人喝，注意使茶水保持大约七分满即可。上茶时应向在座的人说声："对不起！"再以右手端茶，从客人右方奉上，面带微笑，眼睛注视对方并说："这是您的茶，请慢用！"

沏茶时，先将开水冲入空壶，使壶体温热，然后将水倒入各种茶盘中。用茶匙向空壶内装入茶叶，通常按照茶叶的品种决定投放量。切忌用手抓茶叶，以免手气或杂味影响茶叶的品质。

端茶礼仪

端茶要得法。按照我们的传统习惯，都是用双手给客人端茶的。双手端茶也要注意，对有杯耳的茶杯，通常是用一只手抓住杯耳，另一只手托住杯底，把茶端给客人。指甲要保持干净，端茶的时候，手指不能碰到茶水。有两位以上的访客时，用茶盘端出茶，茶色要均匀，并用左手捧着茶盘底部，右手扶着茶盘的边缘。如有茶点，应放在客人的右前方，茶杯应摆在点心右边。上茶时应以右手端茶，从客人的右方奉上，并面带微笑，眼睛注视对方。

摆放前，一定要轻声示意，避免对方无意碰撞，摆放时右进右出，顺时针斟倒或摆放（添水也同样），摆放位置为饮水者右手上方5~10厘米处，有柄的则将其转至右侧，便于取放。

如果有茶壶的话则摆放在中间，便于大家取用，当然，如果有可能的话就由服务人员亲自操作，此时则就近摆放在操作人员跟前。端茶给客人时，要双手捧送表示尊重，切忌单手握杯送茶。上茶时，要用双手捧上茶杯，从客人的左后侧双手将茶杯递到客人面前，尽量避免从客人的正前方上茶。

请茶礼仪

请茶时茶杯应放在客人右手的前方。请客人喝茶，要将茶杯放在托盘上端出，并用双手奉上。当宾主边谈边饮时，要及时添加热水，体现对宾客的敬重。客人则需善"品"，小口啜饮，满口生香，而不能作"牛饮"姿态。

奉茶时，应依职位的高低顺序端给不同的客人，再依职位高低端给自己公司的接待同仁。如果用茶水和点心一同招待客人，应先上点心。点心应给每人上一小盘，或几个人上一大盘。点心盘应用右手从客人的右侧送上。待其用毕，即可从右侧撤下。

给访客上茶时要特别小心，不要将茶具放在文件等重要的物品之上。如果客人多，可以遵循先客后主、先主宾后次宾、先女后男、先长辈后晚辈的原则；可以以进入客厅为起点，按顺时针方向依次上茶；也可以按客人的先来后到的顺序；还有一种"偷懒"的办法，就是把所有的茶都泡上后，让客人自己拿。

倒茶的时候，如果分宾主的话，要先给宾客倒，然后才是主人；宾客里如果有多人，则根据他们的年龄、职位、性别不同来倒茶，年龄按先老后幼，职位则从高到低，性别则先女后男。倒茶则一般是七分就好。倒茶，这里所说的倒茶学问既适用于客户来公司拜访，同样也适用于商务餐桌。

饮茶礼仪

在商务活动中，当别人奉茶时不要以手去接，以免增加奉茶者的困扰。但若是领导或长辈亲自给你奉茶，则要起身双手恭敬地迎接。受人招待奉茶时，如无法说感谢，要以和蔼的眼神予以奉茶者回应，绝不能视而不见，听而不闻，这是非常失礼的行为。如需调和糖与奶精，应在调好之后茶匙横放在碟子上，再以右手端起杯子（除非你惯用左手）。

喝茶时，不须将杯垫一起端起，以单手端起茶杯，另一手轻扶杯垫，预防杯垫掉落即可。但若坐在矮茶几旁，则必须连同杯垫一起端起，以免不慎打翻。喝茶时不可出声，尤其是喝工夫茶时，不要因怕将茶叶喝入口中而用嘴滤茶，如果发出声音是十分不雅的。女士喝茶先用化妆纸将口红轻轻擦掉些，以免口红印留在杯子上。

品茶时，讲究小口品饮，一苦二甘三回味，其妙趣在于意会而不可言传。另外，可适当称赞主人茶好。和别人说话的时候，最好别喝茶。即使要喝，礼貌的做法是小口地品尝，不要连茶叶一并吞进嘴里。万一把茶叶喝进嘴里，也不要吐出来或是用手从嘴里拿出来，而是吃掉，或是在其他地方吐掉。

续茶礼仪

添水时，如果是有盖的杯子，则用右手中指和无名指将杯盖夹住，轻轻抬起，大拇指、食指和小拇指将杯子取起，侧对客人，在客人右后侧方，用左手容器添满，再按照原位摆放即可。

在为客人续水斟茶时，不要妨碍到对方。一手拿起茶杯，使茶杯远离客人身体、座位、桌子，另一只手把水续入。在杯中茶水剩下约一半时，即应续水。最好不在客人面前续水。

壶中茶叶可反复浸泡3至4次，客人杯中茶饮尽，主人可为其续茶，客人散去后，方可收茶。客人喝完茶，杯中应留下少许茶为有礼貌。

课后作业

1.商务拜访中应该注意哪些礼仪规范？
2.商务活动中，馈赠礼物应该注意哪些问题？
3.在职场中，如何正确使用名片？
4.假设你是公司的接待人员，应该如何正确迎送宾客？
5.练习握手礼与引导手势。

第五章　生活礼仪

❀学习目标❀

1.了解出行和公共场所的礼仪要求；

2.熟悉亲友患病时探望、慰问的礼节；

3.懂得参加婚礼或葬礼的规矩。

礼仪既不像法律那么威严，也不像道德那样肃穆，但它却是日常生活的行为准则，是人与人之间交往的艺术，是人生旅途中的必修课，也是体现民族和国家形象的风向标。勿以恶小而为之，勿以善小而不为，多一份尊重，少一点粗鄙，多一些嘘寒问暖，少一些趾高气扬，讲"礼"重"仪"，才能更增添几分和睦、融洽、温馨的气氛，拉近彼此心灵间的距离。

第一节　出行礼仪

出行礼仪，是指人们出行时应该遵守的礼仪规范，也是人们在生活中应当具备的基本素质之一。

一、商务乘车礼仪

商务接待乘车礼仪是商务接待中的一个重要环节，座次的完美安排则是对客户尊重的体现。商务乘车遵循的原则就是"把客人放在最安全的位置"。

（一）乘车座次礼仪

商务乘车座次的安排根据车辆的不同，其座次的尊卑不同；另外，根据驾车人的不同，座位的尊卑也不相同。

1. 小轿车

由专职司机开的公车，如果是小轿车，领导的专座在后排右座。这个位置处于非车行道的位置，很方便迎接，这个位置叫领导席或者贵宾席。后排左座叫陪同席，前排副驾驶的位置是工作人员席位。

2. 越野车

如果是由专职司机开的越野车，领导的专座应该是在前排副驾驶的位置。因为越野车源于战争时期，是军事首长的指挥车，坐在前排视线最好，因此，前排副驾驶位置为尊位。

3. 商务车

三排座或三排座以上的商务车，以前排驾驶员身后的第一排为尊，其他各排座位由前而后依次递减。而在各排座位之上，则又讲究"右高左低"，即座次的尊卑，应当从右而左依次递减。简单地讲，可以归纳为"由前而后，自右而左"。

4. 中巴、中型面包车

中巴、中型面包车上最尊贵的位置在哪儿？打开中门，正对着的那一排位置虽然比较方便，但并不安全，此排后面的那一排，才是中巴车或中型面包车最尊贵的位置。因此中巴车最尊贵的位置在中门的斜后方。一般来说，长车是第三排，短车是第二排，有些高级中巴经过特殊改装，在前两排之间加装了一张桌子，此时桌子后面的位置便是领导专座。

5. 大巴、大客车

大巴、大客车最尊贵的位置应该在司机正后方第一排的位置，这个位置既方便又舒适，而且视线也比较好。大巴车上的座位，从前往后礼宾顺序地位依次降低。如果车上有主办方的领导陪同，可以将其安排在大巴车右侧最前面的位置。

6. 非专职司机开车

如果非专职司机开车，由同事、朋友、合作伙伴等亲自开的公用小轿车，或者是由自己驾驶的私家小轿车，车上最尊贵的位置是副驾驶的位置，因为开车者本身就不是一名职业驾驶员，那就不能用安全与否进行评判了，而是要体现平起平坐，体现彼此的相互尊重。

如果一个非专职司机开车，带着分别坐在副驾驶和后排座的两个人外出办事，坐在副驾驶位置的这个人中途下车了，出于对开车者的尊重，坐在前排的人下车的时候，坐在后排的人应该同时下车移到前排副驾驶的位置上去，这是现代人的一种文明体现。

（二）上下车礼仪

正式商务交际场合中，上下车先后顺序不仅是一种讲究，更是一种文明礼貌的体现，所以必须认真遵守。上下车的基本礼仪原则是"方便宾客，突出宾客"。一般是让领导和客人先上，司机和陪同人员后上。下车时，司机和陪同人员先下，领导和客人后下。

1.上车礼仪

第一，上车时，为领导和客人打开车门的同时，左手固定车门，右手护住车门的上沿（左侧下车相反），防止客人或领导碰到头部，确认领导和客人身体安全进车后轻轻关上车门。

第二，如果我们是外出办事，同去的人较多，对方热情相送，这时候我们应在主动向对方道谢之后，先上车等候。因为送别仪式的中心环节是在双方的主要领导之间进行的，如果所有人都非要等领导上车后再与主人道别上车，就会冲淡双方领导道别的气氛，而上车时也会显得混乱无序。所以，如果大家是同乘一辆车，我们要先上车，并主动坐到后排去。如果我们是分乘几辆轿车的话，则应上到各自的车内等候，只需留下一个与领导同车的人陪同领导道别即可。

第三，环境允许的条件下，应当请女士、长辈、上司或嘉宾先上车。

第四，若同与女士、长辈、上司或嘉宾在双排座轿车的后排就座的话，应请后者首先从右侧后门上车，在后排右座上就座。随后，应从车后绕到左侧后门登车，落座于后排左座。

第五，由主人亲自开车时，出于对乘客的尊重与照顾，可以由主人最后一个上车，最先一个下车。主人应为同车的第一主宾打开轿车的右侧后门，用手挡住车门上沿，防止客人碰头。客人坐好后再关门，注意不要夹到客人的手或衣服。然后从车尾绕到左侧为另外的客人开门或自己上车。

2.下车礼仪

第一，下车时，司机、陪同人员先下车，快速地为领导和宾客开车门，同时一手固定在车门上方，一手护住车门。如果很多人坐一辆车，那么谁最方便下车谁先下车。

第二，如果陪领导出席重要的欢迎仪式，到达时对方已经做好迎接准备，这个时候一定要等领导下车后再下车，否则就会有"抢镜头"之嫌。这种情况领导如何下车呢？

如果是三排以上商务车，由领导边上的人开门，再避到后排，为领导下车让出通道。如果是双排车，欢迎的人群中自然会有人为领导开车门。

第三，在人多且合适的场合，男士先下车，女士、长辈后下车，服务人员先下车，领导后下车。

第四，若无专人负责开启车门，陪同人员则应首先从左侧后门下车，从车后绕行至右侧后门，协助女士、长辈、上司或嘉宾下车，即为之开启车门。

第五，乘坐有折叠椅的三排座轿车时，循例应当由在中间一排加座上就座者最后登车，最先下车。

第六，乘坐九座三排座轿车时，应当由低位者，即男士、晚辈、下级、主人先上车，而请高位者，即女士、长辈、上司、客人后上车。下车时，其顺序则正好相反。唯有坐于前排者可优先下车，拉开车门。

3.陪同人员上下车礼仪

第一，商务陪同人员自己在上下车时，动作应当"温柔"一点，不要动辄"铿锵作响"。上下车时，不要大步跨越，连蹦带跳，像是"跨栏"一样。

第二，商务人员如果身为低位，在上下车时，还需主动地为高位者开关车门。具体来讲，当高位者准备登车时，低位者应当先行一步，以右手或左右两只手同时并用，为高位者拉开车门。拉开车门时，应尽量将其全部拉开，即形成90°的夹角。

第三，上下车时，应当注意对高位者主动给予照顾与帮助。

4.女士上下车礼仪

第一，女士上车要双腿并拢，背对车座坐下，然后收入双腿；下车时正面面对车门，双腿着地后再下车。

第二，倘若女士裙子太短或太紧不宜先上车，此时男士不必过分谦让。女士上车时，得体的方法是：先背对车座，轻轻坐在座位上，合并双脚并一同收入车内。下车时，也要双脚同时着地，不可跨上跨下，有失大雅。

5.乘车禁忌

第一，不要争抢座位。上下轿车时，要相互礼让，不要拉拉扯扯，尤其是不要争抢座位。

第二，不要动作不雅。在轿车上应注意举止，切勿与异性演出"爱情故事"，或是东倒西歪。

第三，不要不讲卫生。不要在车上吸烟，或是连吃带喝，随手乱扔。

二、公共交通礼仪

（一）乘坐地铁礼仪

地铁是大中型城市居民出行时的交通工具之一，既方便，又快捷。人们乘坐它就不用担心堵车了，地铁为人们的出行提供了便捷的条件。但若想安全抵达目的地，乘客就要文明乘车，遵守乘车礼仪。

1. 等候地铁的礼仪

进入地铁站时，要正确使用自动扶梯，乘自动扶梯时，应靠右站稳，照顾好老人和小孩，不要在自动扶梯上追跑打闹或多人并排站在同一台阶上。按顺序排队买票，持票上车，不要损坏、丢失车票，这样既麻烦了自己又麻烦了别人。为了保持乘车秩序，同时也是为了节省时间，要排队候车，按照地面指示线排队，不要拥堵、挡道，以免影响下车的乘客。不要在站台边缘与安全线之间行走、坐卧、放置物品。如果遇到老、弱、病、残、孕和带小孩的乘客，应礼让他们，让他们排到自己的前面。等车时绝对不可以随意跳下、进入地铁轨道、涵洞。为了保证安全，地铁列车进站时，等车停稳妥后，按照先下后上的顺序，有序上下车。上下车时，要注意倾听开、关门时的提示警铃，不要抢上抢下，以免夹伤。

2. 乘坐地铁的礼仪

乘地铁时，应遵守地铁内的规定，不要携带易燃、易爆危险品，以免发生危险。车厢内不要吸烟，不要食用刺激性气味强的食品和带果皮壳的食品，禁止随地吐痰、禁止乱扔废弃物等，以免影响他人。不要携带宠物、家禽以及有可能威胁他人人身安全或影响地铁设施安全的物品。更不要紧靠车门或用手抠门缝，以免发生意外事故。

为了使每位乘客舒适、轻松地出行，在乘坐地铁时，为保证安全，乘客应做到互相礼让，不要拥挤。不要把脚放在座位上妨碍其他乘客就座。乘车时遇到老、幼、病、残、孕乘客应主动搀扶并让座。爱护车厢内的环境卫生和公共设施。不要误用车厢内的紧急停车手柄，不要随意玩、按车厢内的警报器，以免造成混乱。

坐地铁的时候，由于地铁的座位都是相对的，女性的坐姿如果稍不注意就会很失态。女性不要叉腿坐，男性坐地铁时也要特别注意不可叉开两腿后仰，或歪向一侧，也不要把两腿直伸开去反复不断地抖动。这些都是缺乏教养的表现。

3. 下车的礼仪

下车时要提前到车门口等候，尤其是坐在里面的乘客，不要等车停了，再往车门口走，如果是人很多的时候，容易下不来车，给乘车带来不便。如果不小心将物品掉到地铁轨道上，千万不要跳下轨道取物，而应及时通知地铁内的工作人员，请他们帮忙解决。下车后，在地铁内应减少不必要的停留。禁止攀爬、跨越地铁护栏、围栏、栏杆等。爱护地铁车站内的自动售票机、出入口闸机，有秩序地从通道走出。

（二）乘坐公交车礼仪

1. 依次上车

在公共汽车起点站，乘客应自觉排队等候，依顺序上车。在中间站，车靠站停稳后要先下后上或从前门上后门下，应主动让老弱病残、妇女儿童先上。听从司乘人员的引导，上了车的乘客应酌情向车厢内移动，不要堵在车门口，以免妨碍后面的乘客上车。

2. 主动购票

乘客上车后应主动购票或出示月票。下车前，应自觉地向售票员出示车票、月票。乘坐无人售票车时，应将事先准备好的钱币自觉投入收钱箱内。

3. 互谅互让

在车上遇到孕妇、病人、老人和抱孩子的妇女，有座位的年轻乘客应主动让座。当他人给自己让座时，要立即表示感谢。

4. 注意卫生

乘客在车上不要吸烟，不要随地吐痰、乱扔果皮和纸屑。随身携带机器零件或鱼肉等的乘客，应将所带物品包好，以免弄脏其他乘客的衣服。雨雪天，妥善放置所携雨具，以免影响他人。

5. 遵守秩序

排队候车，先下后上，让妇女、老人和孩子先上车，后下车的乘客应主动给先下车的乘客让道。

（三）乘坐火车礼仪

火车是我国长途出行的主要交通工具。随着火车的普及，人们需要掌握的礼仪规范也越来越多，需要认真学习。要使他人不受妨碍、使大众运输更为顺畅，应注意下列事项：

1. 行李不要太多

火车车厢的空间不大，大件的行李可以拖运，但要提早抵达车站交运，以免没有足够的时间搬运，造成遗失。行李必须包扎捆牢，不要堆放在走道上妨碍他人通行，应该放置在自己座位所属的行李架上，特别是乘坐上下铺时，更应注意不要因为行李问题引起纠纷。

2. 对号入座

长途旅行会在火车厢中过夜，应对老弱妇孺礼让。火车车厢有座号、等级，不得越级或占位。应该依照所给予的座次坐卧，而不可随便更换座位，或者强占他人的位置。

3. 车厢内部秩序

车厢为密闭空间，与人交谈应注意声量。乘坐时间长，旅客间互相聊天解闷是很自然的，但是如果邻座乘客正在阅读或休息，应该避免与之喋喋不休。谈话音量应该控制，以不妨碍他人休息为原则。如携带幼童，则应该限制其随意奔跑或大声喧扰。

4. 手机使用规则

火车车厢为公共场所，手机应设为震动，不要干扰到别的乘客。应答电话时，也要轻声细语，不要讲得让全车厢的乘客都听到。许多国家开始禁止火车车厢内使用手机，只有在特别的车厢内才可以使用手机。只要上火车之后，就应该自觉，不可妨碍邻座的安宁。

5. 车上用餐礼仪

用餐时间应该尽量在自己座位上用餐，食物堆放整齐，餐具用毕要收拾干净。如果要去餐车进餐，须先订位，待随车服务人员通知后，再赴餐车。用餐时间不宜过久，以免妨碍其他人员用餐的机会。如果使用餐盒，则应该使用完毕后包扎放好，不可污染环境。

6. 卫生间的使用

使用卫生间，要多为他人着想，不宜久占，使用后要保持清洁，以利他人使用。无论火车还是其他公共场所，使用卫生间均应该关门，无论大人小孩都不可以敞门。进入卫生间前，必须敲门确定无人方可进入。等候时如果人多，必须排成一列循序进入，不可争先恐后。

7. 乘坐及上下车的礼仪

乘坐及上下火车时，如果是团体行动，必须遵守行进礼仪，位低者先上后下，位高者后上先下。如果有老弱妇孺，应该礼让，并且协助其上下火车。火车如果已经开动或滑行，切忌在后追赶或是自车上跃下抢时间，以免出现危险。

（四）乘船礼仪

乘船与乘坐其他交通工具相比，更舒适、安全，因此一直受到许多人的青睐。轮船上也是公共场所，要求每位乘客学会乘船礼仪，做文明的乘客，拥有一个愉快旅程。

1. 上船时的礼仪

上船时，要按排队的先后次序进入，尽可能早到一些，留出空余时间，与老、幼、病、残、孕者一同上船时，应礼貌地给其让路，必要时还应上前搀扶。上船过程中，不要相互推挤，以免发生危险。出于安全的考虑，遵守乘船规定，不得随身携带易燃、易爆危险品，不携带动物。上船前积极配合安全检查人员，不要加以非议或拒绝。一般情况下，乘船时会对行李的重量有要求，要严格遵守乘船规定，不要使行李超出规定重量，以免发生危险。

2. 乘船时的礼仪

轮船上根据舱位的不同，票价也有差异，所以，在上船寻位时应对号入座，一人一座或一人一铺。如果没有买到有座号、铺号的船票，也就是散席船票，上船之后要听从船员的安排，在指定的地方休息，不要抢坐他人座位或铺位，这样做是不礼貌的。

船舱是公共场所，维护环境卫生是每一位乘客的责任，在船舱休息时，不要随地吐痰、吸烟、喝酒、乱扔废弃物，不要随便脱鞋、换衣服。如果因晕船而发生呕吐，不要直接吐在地上，可吐在方便袋里或去洗手间处理，一旦不小心吐到地上，应及时打扫干净。

如果没有接到其他船舱乘客的邀请，不要随便进入，尤其是在晚上、凌晨、午休时，否则会打扰他人休息。在轮船上进行室外活动时，要注意人身安全，不要去轮机舱、救生艇、桅杆以及一些没有扶手的甲板上，以免发生危险。乘船时，千万不能擅自下水游泳，特别是当船行驶到深水区时，即使游泳技术再好，也不能下水。

乘船出行途中，如果遇到难以想象的天灾人祸，应做到镇定自如，不要惊慌失措、乱跑乱闯、急不择路，这样对顺利脱险没有任何好处，反而影响逃脱的速度，打乱船内秩序，造成混乱。如果迫不得已离船，应听从船员指挥，按顺序下船并乘坐对方安排的交通工具。此时，应该与他人同心同德、齐心协力，与同船人共进退，共渡难关，一起和灾难做斗争，只有这样才有可能获得平安。

3. 下船时的礼仪

在即将下船时，应提前做好准备，收拾好行李，并主动、热情地与周围乘客道别。等待下船时，要相互礼让，按照顺序依次而下。与老、幼、病、残、孕者一起下船时，要礼貌让路，必要时可上前搀扶。下船过程中，要礼貌行走，不要你拥我挤、乱蹦乱跳，以免撞倒他人，发生不必要的意外。

（五）乘坐飞机礼仪

在所有正规的交通工具之中，飞机最为舒适，其档次也最高，已经成为最受欢迎的交通工具之一，但在乘坐飞机时，必须认真遵守乘机礼仪。

1. 登机的时间

一般情况下，国内航班需提前半个小时到达机场，国际航班则要提前一个小时到达，以便留出时间托运行李、检查机票、身份证和其他旅行证件。因此乘坐飞机时，必须提前到达机场，为登机做好充分的准备。

2. 行李的要求

国际航班对行李的重量有严格的要求，一般控制在25公斤内。不同航班有不同要求，乘客在乘飞机时，还应注意行李的重量，如果超出规定范围，则需办理托运手续。托运行李前，应整理好自己的行李，将小袋物品集中到一个大袋中，这样能防止行李丢失，抵达目的地时也方便认领。

3. 安全检查

登机时应当认真配合例行的安全检查。在进行安全检查时，每位乘客都要通过安全门，而其随身携带的行李则需要通过监测器。如有必要，对乘客或行李使用探测仪进行检查，或手工检查。乘客不应当拒绝合作，或无端进行指责。登机时需要持登机卡，有的航班在买机票时就把登机卡与机票一同交给乘客，有的航班在登记行李时，再由工作人员为乘客选择座位卡，后者比较常用。如果没有提前预订机票，须在大厅的机票柜台买票登记，然后耐心等待其他持票乘客登机结束后，再由工作人员安排座位。登机卡一般在候机室和登机时出示。

4. 飞机飞行期间的礼仪

上下飞机时，要注意依次而行。在飞机上放置自己随身携带的行李时，与其他乘客要互谅互让。飞行时一定要熟知并遵守各项有关安全乘机的规定。当起飞或降落时，一定要自觉地系好自己的安全带，并且收好自己面前的小桌板，同时将自己的座椅调直。当飞机受到高空气流的影响而发生颠簸、抖动时，也要将安全带系好，切勿自行站立、走动。在飞行期间，移动电话、手提电脑、激光唱机、微型电视机、调频收音机、电子式玩具、电子游戏机等电子设备均严禁使用，违反者要受到法律制裁。

在自己的座位上就座时，要维护自尊。不要当众脱衣、脱鞋，尤其是不要把腿、脚乱伸放。乘机时需要对安全设备有一定程度的了解。在飞机起飞前，所有的客机均会由客舱乘务员或通过播放电视录像片，向全体乘客介绍氧气面罩、救生衣的位置及正确的使用方法，以及机上紧急出口所在的位置及疏散、撤离飞机的办法。在每位乘客身前的物品袋内，通常还会专门备有上述内容的图示。对此一定要洗耳恭听，认真阅读，并且牢记在心。切勿乱摸、乱动机上的安全用品。偷拿安全用品或私开安全门，不仅有可能犯法，而且还有可能危及自己和机上其他乘客的生命安全。在从严要求自己方面，则应当注意处处以礼律己，处处以礼待人，时刻表现得彬彬有礼。

当自己休息时，不要使身体触及他人，或是将座椅调得过低，从而有碍于人。与他人交谈时，说笑声切勿过高。不要在飞机上吸烟，或者乱吐东西。呕吐时，务必要使用专用的清洁袋。对待客舱服务员和机场工作人员，要表示理解与尊重，不要蓄意滋事，或向其提出过高要求。跟身边的乘客可以打招呼或是稍作交谈，但应不影响到对方的休息。不要盯视、窥视素不相识的乘客，也不要与其谈论令人不安的劫机、撞机、坠机事件。

乘坐飞机时，去卫生间要按次序等候，并保持清洁。如果晕机，应提前准备好清洁袋，避免呕吐时吐到机舱地板上，影响周围环境；倘若晕机现象非常严重，可打开头顶上方的呼唤信号，请乘务员帮助解决。

5. 下机及出机舱的礼仪

飞机停稳后，带好随身物品，按次序下飞机，不要相互拥挤、推搡、抢先出门，这是不礼貌的行为。一般情况下，机舱门口两边会各站一位空中小姐，为乘客提供服务，在空中小姐身边经过时，应礼貌地道谢。国际航班上下飞机后要办理入境手续，通过海关领取托运行李。如一时找不到自己的行李，不必着急，可通过机场行李管理人员按照行李登记卡进行查找，并填写申报单交给航空公司。如发现行李丢失，可凭借行李登记卡，让航空公司给予赔偿。同时，乘坐飞机时，还要注意以下几点：

第一，有哮喘和肺气肿等呼吸道疾病者，乘坐飞机前应尽量稳定病情。有脑肿瘤破裂等脑内出血、胃以及十二指肠溃疡等出血的患者，必须事先征得医生的许可。

第二，飞行中，飞机中的气压要明显低于地面，乘客容易产生饱腹感，因此临上飞机前不宜吃得过饱，穿着服装应该保持宽松，不要将安全带系得过紧。

第三，当飞机起降时，舱外气压与中耳腔的内压会出现一定的差异，往往引起耳塞感或耳朵疼痛。口含糖果或嚼口香糖，可促进唾液的分泌，具有预防耳塞和耳痛的作用。

第四，飞机内部的湿度很低，处于极度干燥状态，为防止过于干燥，可使用保湿护肤品和护目眼药水。

第二节　公共场所礼仪

消遣娱乐的公共场所已经成为人们生活的重要组成部分。但若想真正达到消遣娱乐的目的，就要遵守公共场所的礼仪。

一、观光礼仪

随着生活水平的提高，人们开始追求精神上的满足。因此，旅游观光成为日常生活中重要的一部分。为了使旅游更加愉快，旅客一定要懂得游览观光的礼仪。

在上车时，按照惯例应当请长者、尊者、小孩首先上车，其余的人给予帮助并最后上车，到了车上，如果没有专门安排座位，那么，长者、尊者、小孩应在前排就座。如果要求对号入座时，就必须按照事先安排好的座位就座。在车上要讲究公德，不妨碍别人，不吃有刺激性气味的食物，不高声喧哗，不将胳膊和脚伸得太长。下车时长者、尊者、小孩最后下车，其余的人先下，并在车门外等候或给予帮助。

爱护公共财物是每个人应具备的良好品德。作为一名游览者，面对优美的自然风光、历史文化底蕴深厚的文物古迹、别具一格的人文景观，除了为之自豪、赞叹外，还应履行保护旅游资源的义务。因为爱护公共财物，热爱祖国的大好河山，是游览礼仪最基本的要求。

出游时，大多数游客会随身携带一些食品或旅游用品，在吃、用这些食品、物品时，务必要注意环境卫生，不乱扔垃圾，不乱堆放行装等。在旅游景点野餐结束时，一定要将现场打扫干净，将剩下的物品连同瓜皮果壳一同带走；在旅游点的隐蔽角落大小便，是非常失礼的行为；在安静、祥和的旅游气氛中，不宜大声喧哗、嬉笑打闹；当导游或讲解人员解说旅游景点的来历时，要仔细倾听，不要纠缠追问、恣意刁难。

在公共场合进行拍照时，应抓紧时间尽快结束，一般每人拍摄照片不宜超过三张，让人久等是非常不礼貌的行为。同时更不能浪费别人的时间进行取景或做其他和拍摄无关的事情，如果对拍摄的角度把握不准，应礼让他人，当确定好角度后再进行拍摄。不能随手涂抹，不能信手乱摸，尤其是在一些宗教禁忌的地方。另外，在观光时不要过分强调自己的要求和兴趣，以免影响他人；不要过分坚持自己的审美观点而片面否定他人；不要损害他人的宗教信仰及民族观念；不要不分尊卑、没大没小。在公共场所还要注意尊重知识产权，很多地方都明文规定不能拍照、录像，那就要自觉遵守。

旅游观光中，游客来往不断，彼此间要相互照顾、互相帮助。当行至曲折幽径处或小桥、山头时，在注意自身安全的同时，还应主动帮助老弱妇孺。不要抢路、拥挤，在他人遇到困难时，应主动向其伸出援助之手。休息时，不能一人独占长椅。拍照留念时，如果别人需要帮忙，应主动、热情地为其提供服务。

游览寺庙时应对寺庙的僧人尊称为"大师""法师"，对道士应尊称为"道长"，对住持应尊称为"长老""方丈""禅师"。对喇嘛庙中的僧人应尊称"喇嘛"，即"上师"之意。与僧人见面的行礼方式为双手合十，微微低头，或单手竖掌于胸前，头略低，忌用握手、拥抱、摸僧人头部等不当方式。与僧人、道人交谈，不应提及杀戮之辞、婚配之事，以及食用腥荤之言，以免引起反感。游览寺庙时不可大声喧哗、指点议论、妄加嘲讽或随便乱走，不可乱动寺庙之物，尤忌乱摸乱刻神像。如遇佛事活动，应静立默视或悄然离开。同时也要照看好自己的孩子，以免因孩子无知而做出失礼的事。

旅客在任何宾馆居住都不要在房间里大声喧哗或举行私人聚会，以免影响其他客人。对服务员要以礼相待，对他们所提供的服务表示感谢。在饭店进餐时，要尊重服务员的劳动，对服务员应谦和有礼，当服务员忙不过来时，应耐心等待，不可敲击桌碗或喊叫。对服务员工作上的失误，要善意提出，不可冷言冷语，加以讽刺。

二、购物礼仪

人们在日常生活中离不开购物，这就要求人们在购物时注意一些礼仪规范，做个通情达理的消费者。

在买东西时，千万不要在不清楚自己要买什么物品的情况下麻烦营业员。如果你只想看不想买，那么最好不要劳驾营业员，否则可能会发生不愉快的事情。挑选商品时，不要挑三拣四、过分挑剔，时间长了会影响营业员照顾其他顾客。如果挑选后没有满意的商品时，可以客气地告诉营业员。对易污、易损商品要轻拿轻放，万一污损了，就应当买下来或者赔偿。对禁止触摸的商品，不要随便碰触。

虽然顾客被营业员奉为上帝，但顾客在购物时也要讲究礼貌，不要对营业人员大呼小叫、颐指气使。一个有修养的消费者，在购物时会注意相应的礼仪规范，心平气和、面带微笑地与营业员商谈。当营业员正忙于接待其他顾客时，要耐心等待，不要指手画脚或用手敲柜台。购物时，如果遇到态度不好的营业员，千万不要与其发生口角，冷静地同营业员讲道理，说情况，如果该营业员是一个蛮不讲理的人，可以向其领导反映，请求帮助解决。千万不可一怒之下，口吐脏字，这是很不礼貌的行为。

如果在购买商品时没有仔细查看，买回家以后才发现商品有破损的地方或营业员拿错了样式，到商店退换时态度要友好，并向营业员详细说明情况。如果碰到态度恶劣、强硬的服务员，要耐心地与其沟通，不要硬碰硬，闹得不欢而散。如果没有质量问题，可以不换。结账时，如果发现收银员找错了钱，应善意提醒并说明情况，千万不能面红耳赤地与收银员争论不休。如果解决不了，还可找领导帮忙。交过钱以后，不要忘记向为你服务的营业员道谢。

在自选商场或大型超市购物，要遵守购物规定，注意轻拿轻放，不损坏或弄脏物品。如有损坏，要主动赔偿。选取后又决定不要的商品，应及时放回到货架上，尤其是那些冷冻商品。选购水果等食用商品时，不要随手乱翻、乱捏，那样会让水果过早腐烂。交款时，两人以上就应自觉排队，并注意与他人保持一定距离，以免造成他人不便。购物过程中要注意照顾老弱病残者，对外宾要文明礼让。不在商场高声喧哗、追跑打闹。自觉维护环境卫生，不随地吐痰，不乱扔果皮、包装袋等。推购物车时，要小心行走，以免撞到他人。也不要把小孩放在购物车里，以免发生危险。总之，要做一名文明的顾客。

购物时乘坐电梯须讲文明，进出电梯要礼让，先出后进。遇到老幼病残孕者，应让他们先行。进入电梯后，应给其他的人留有地方，先上的人应站在电梯门的两侧，其他人靠两侧及后壁站。不要一上电梯就挡在门口，或与他人面对而立。如果带小孩乘电梯，要管好孩子，不要让孩子乱按电梯键。在电梯里不要高声说笑，出入电梯时，不要争先恐后，更不要为了等人，让电梯长时间停在某一楼层，这样会给其余乘客带来不便。

三、其他娱乐场合礼仪

1. 看演出时的礼仪

演出的气氛随着观众情绪的起伏而变化，给人们带来满足和享受，可是过于激动的情绪容易造成现场混乱，所以人们在观看演出时，还应控制自身情绪，注重礼仪规范。

看演出前要排队买票，对号入座。看演出时一定不要来回走动。如在观看演出时喉咙发痒，可以含服非咀嚼型润喉糖，避免频繁发出咳嗽声。暂时控制不了咳嗽或喷嚏的观众，可向工作人员要求出场稍歇。看演出时应该摘掉帽子，以避免影响后面观众的视线。

如今现场演唱会越来越多，歌迷时常会购买一些荧光棒，在现场气氛热烈时挥舞助兴，但也有一些观众会不自觉地把荧光棒丢向前排，这不仅可能会砸到前面的观众，也可能会制造不必要的混乱。流行音乐演唱会是可以站起来随着音乐一起舞动的，但是需要注意的是，如果大家都坐着，只有你一个人情绪激动地站起来，那可能就会挡住后面观众的视线，影响其他人观看。观众还要注意，在看演出的时候，不要把脚架在前排的座位上，给他人带来不舒适感。

在看演出时，喝倒彩是最为不雅的行为。因为在这样的场合下，发出任何声音干扰其他人欣赏都是不礼貌的，即使是喝彩声也是被禁止的。如果对节目不满意，也不要与同伴相互低语，应在演出结束退场后再进行评价。在观看演唱会时，不要把垃圾留在座位上，应扔到指定的垃圾桶内。也可以随身带上一个小袋子，等到演出结束后把节目单、喝水的纸杯、垫座位的报纸等各种垃圾装进袋子里带出场外，再扔到垃圾箱里。

2. 观看球赛的礼仪

观看球赛虽说是休闲项目，但也应注意礼仪。入场前先排队购票，有序入场。迟到时，应快速到达自己的位子，不要在通道上停留太久，以免影响其他观众。入座后，要遵守赛场秩序，不抽烟、不吃带皮带核的食物，不乱扔废弃物。

观看球赛时，应控制好自己的情绪。不要因某队的一时胜负而过于激动，从而引发纷争。道德修养较高的人，在激动的时刻，能很好地控制自己。叫好加油时，不要发出刺耳的声音，以免影响他人和运动员的情绪。

在大型国际比赛赛场上，观众的表现不光是个人问题，还影响着国家形象。我们应当表现出自己的风度，在球场上讲究礼仪规范，不给国家、个人丢脸。比赛结束后，无论自己一方是胜是负都应以热烈的掌声向运动员表示感谢。倘若自己一方赢得了比赛，千万不要得意忘形。如果失败了，不要谩骂球员、教练、裁判。比赛结束退场时，要遵守秩序，不要争先恐后；在人流拥挤处随着人流缓缓而出。出场后不要围观运动员，运动员在身边经过时，出于礼貌应为其让路，也可以向他们招手致意。

3. 看电影的礼仪

电影院属于公共场所，出入公共场所需讲究一些礼仪。到影剧院以前，应穿上整洁、庄重的服装，女士可化淡妆，稍微喷一些香水，切忌香水喷得太多，以免影响他人看电影的心情。买票时要排队，不要插队，最好不要请人代买。应提前到场，对号入座，如果进影剧院迟到了，可以请服务员引导入座，行走时应放轻脚步，快速入座，入座时身体要下俯，防止遮挡他人视线。看电影时坐错位子是难免的，如果发生这种情况，要轻声真诚地向他人道歉。他人误认为你坐了他的位子时，应和气地请对方仔细察看座号。遇到熟人，不要大声与其交谈，轻轻点一下头或打一个手势就可以了。

看电影时应遵守电影院的规章制度，不吸烟、不吃带皮带核的东西、不随地吐痰、不乱扔废弃物、不高声说话、身体不左摇右晃、两腿不故意抖动、不随便脱鞋等。对看过的电影，不要指手画脚地为其他人讲解。热恋中的青年，应注意行为举止，不做过分亲昵的动作，以免有碍观瞻。中途离座时，要低头、弯腰、快速退场。演出结束时，要按照顺序退场，以免造成全场混乱。

4. 游乐园游玩礼仪

游乐园作为公共场所，往往是游人扎堆的地方，热门游乐项目往往会排很长的队伍。此时，应当自觉按照先来后到排队等候，不要插队加塞，以免发生拥挤，造成混乱。游乐园里的设施一般以动态项目为主，庞大机器在运转过程中，如果有人不遵守秩序抢上抢下，很容易造成身体伤害。因此，游人一定要注意安全，听从游乐园工作人员的指挥和疏导。遇恶劣天气或游艺、游乐设施机械故障时，积极配合游乐园工作人员采取应急、应变措施。如果游客因为自己对游乐项目的玩法不了解，有不安全的行为，要接受工作人员的提示和纠正。

5. 音乐会礼仪

在西方国家，人们早已把出席音乐会当作一桩高雅庄重的大事来看待了。正因如此，西方人对出席音乐会时的穿着打扮和行为举止有很严格的规定。

（1）如果决定前去欣赏某场音乐会，应事先预订座位或者提前买票。不要"临阵磨枪"，在开演之前才去"撞大运"买票，甚至干脆在音乐厅门口"钓鱼"或者"蹭票"。这种做法，既使自己显得缺乏教养，也会破坏音乐厅周围的艺术氛围。

（2）前往音乐厅时，女士可以做一做头发，化淡妆，着旗袍或者连衣裙，配以长筒丝袜和高跟鞋。尽量不穿裤装，尤其不要穿不登大雅之堂的短裤、裙裤、健美裤、超短裙。裙装下摆务必过膝，在可能的范围内越长越好。

（3）出席音乐会时，男士应着深色毛料的中山装套装，或者着黑色西装套装，白衬衫，打黑色领带或者黑色领结，配以黑色鞋袜。讲究着装是对演职人员的尊重，也是对自己的尊重。如有可能，女士应穿着与自己先生或男友同质、同色、款式相同的服装，并且在两人的衣襟上插上一朵同一色系、同一品种的鲜花，以暗示双方关系非同寻常。

（4）正规的音乐会都非常守时，且演出一旦开始，迟到者就会被阻于场外，直至一曲演奏完毕，甚至中场休息时方可入场。因此，最好提前一刻钟抵达音乐厅，在演出正式开始前五分钟，观众应各就各位。就座时，按惯例由女士或长者走在前面，男士或晚辈紧随其后，单行行进，从左侧走向自己的座位。两个人一同就座时，男士、晚辈、学生、主人应遵循"以右为尊"的原则，请女士、长辈、老师、客人坐在自己的右侧。

（5）作为观众，向演职人员致敬应有礼貌。在演出开始后，不能使用手机，不能交头接耳或随便拍照、录音、录像，因其可能影响演职人员的演出或者观众的欣赏。

（6）以下几种情况可以向演职人员表示鼓励和祝贺：一是乐队指挥登上主席台时；二是演奏完或是演唱完一首曲子之后；三是对某位演员特别欣赏，要求他"再来一个"时；四是自己所欣赏的某一个节目演奏完毕之后；五是演出全部结束，演职人员谢幕时。

（7）没有特殊原因，不应中途退场。如果确需中途离场，也应尽量在一曲结束之后轻轻离去。演出全部结束，不应担心人多拥挤而抢先离场，应在座位上稍候片刻，待全体演职人员谢幕后，全场观众起立鼓掌，祝贺演出成功后方可有序退场。若观众过早离场，会令演出人员十分难堪。

（8）走出音乐厅后，可就此与同行人员告别。如若对方是自己的长辈、老师或者尊贵的客人，则将其送回住处更为得体。

6. 舞会礼仪

舞会是我们参与甚多的一项社交活动。除了纯属家人或同事即兴举办的自娱式舞会之外，凡有组织、有计划地举办的私人舞会大多具有一定的社交性质。它既是一种娱乐助兴的健身活动，更是借以联络老朋友、结识新朋友的绝佳场合。有关舞会的礼仪规范，主要分为举办舞会与参加舞会两部分。

（1）举办舞会的礼仪规范

第一，举办舞会的时机。庆祝生日、纪念结婚、晋职升学、欢度周末、迎接新年、款待贵宾等，都可以舞会作为主要的活动形式。在国外，儿子订婚，女儿达到法定成年的年龄或者是进入社交界，往往都是父母举办舞会的适当时机。

第二，举办舞会的时间。私人舞会为了方便宾客，通常安排在周末或节假日的晚间举办。舞会时间的长短可视具体情况而定，可以预先安排为两到三小时左右，也可以直至全体宾客尽兴为止，但以19点至22点之间进行最佳。

第三，举办舞会的地点。如果举办的舞会规模较大，可以租借宾馆、饭店的舞厅，单位的俱乐部，或是其他既不会妨碍别人，又有足够空间充作舞池的地点。在一般情况下，将小型的舞会安排在自己家中的客厅也是不错的。

第四，舞会的参加人员。在国外，一般只向男士发出邀请，不过规定男士如果出席，务必邀请一位女士同往。这位被邀请的女士可以是其夫人、女朋友、同事、姐妹、母亲、女儿等。这种做法可以大体控制好出席舞会者的性别比例。

（2）参加舞会的礼仪规范

第一，打扮。最得体的舞会着装，应与舞会的氛围协调一致。应优先选择飘逸、合体、透气性好的真丝、针织或纯毛面料。在色彩上，挑选红、黄、绿、粉红、乳白等鲜亮醒目的色彩作为主色调。切忌穿着牛仔装、运动装、背心短裤，切忌穿着暴露、紧身、短小的服装出席舞会。出席舞会时，男士一般不佩戴首饰，女士则可以佩戴两到三件首饰，其色彩与款式，应尽量与自己的着装和谐一致。鉴于私人舞会大半是在晚间举行，女士在出席舞会时应适度化妆。男士通常应提前美发、剃须。参加舞会时，因需要与多人近距离相处，故对口腔卫生应提高认识，杜绝口腔异味。

第二，邀人。通常由男士首先向女士发出邀请。男士向女士发出邀请前，应首先向与女士待在一起的人，如其先生、男友、父母问好点头致意，以示对其表示尊重，并征得其同意。结伴而来的一对男女只要一同跳舞会的第一支舞和最后一支舞即可，男女主人亦然。从第二支舞曲开始，大家都应当有意识地交换舞伴。第二支舞曲开始时，男主人应邀请女主宾，女主人应与男主宾共舞。第三支舞曲可以以此类推，男主人应邀请第二女主宾，女主人应与第二男主宾共舞……社交舞会既是跳舞的所在，也是交友的场合，所以人们在舞会上一般不会拒绝他人的邀请，男士更是不能拒绝女士的主动邀请。

第三，舞姿。跳舞时，身体要尽量做到正、直、平、稳，把握好重心。男士不宜上蹿下跳、东张西望；女士耸肩驼背、撅臀跺脚、歇斯底里地大幅度扭动身体，扑在男士怀里、挂在对方脖子上、旁若无人地大跳"贴面舞"或者"三贴"，也有失风度。

第四，交际。一支舞曲结束以后，男士应将邀请的舞伴送回原处，向女士道谢，而后才可以邀请下一位女士共舞。在舞场上，身体切勿与人碰撞，如不慎踩到或者撞上他人，应该及时道歉。在舞池边休息时，如遇他人主动与自己聊天，应以礼相待，不要不闻不问，自命不凡。

第五，到场与退场。在一般情况下，出席私人舞会时可以随时退场，只要不是只跳了一支舞就走，显得应酬色彩过浓就可以了。不过如果与主人关系非同一般，还是应该坚持到底。最佳表现是：不要"半途而废"，不要与主人不辞而别。

7. 美术馆礼仪

美术馆是高雅的艺术殿堂，当我们置身于美术馆内时，就应该使自己的一言一行同样显得高雅不俗。下面，我们就来介绍一下必须遵循的礼仪规范。

第一，注意着装。前往美术馆时，应穿着套装、套裙、连衣裙；除非自己是一位不拘小节的艺术家，不然穿着牛仔装、运动装、乞丐装、沙滩装、超短裙配以无袖汗衫进入美术馆，都与场合不符。不应穿着凉鞋、拖鞋、运动鞋进入美术馆，应着皮鞋或布鞋。如果女士穿着高跟鞋，应选择一双没有声音的，不然在肃静的大厅里"叮咚作响"只会令人侧目而视。

第二，收集资料。美术馆的大门口或各个展厅的入口处，时常向观众发售特意为各项展览印刷的画册、说明书和多种纪念品，这些东西有时还会免费向观众发放。如欲购买画册之类的东西，应遵循秩序排队，不要随便"加塞"。在索取有纪念意义或保存价值的资料时，也不要哄抢，不要重复领取。

第三，饮食问题。尽量不要在美术馆内吃东西。万一十分饥饿、口渴，在美术馆附近的超市买一些食物、饮料，就地"消灭"或者在休息厅享用。但是，无论如何都不要把自己爱吃零食的习惯带入展厅内。

第四，聆听解说。如有解说员向观众介绍作品，可以跟随其前进，并且耐心地聆听解说。遇到不明白之处，或是感到解说员语焉不详，可以有礼貌地提出自己的疑问，或是在适当的时机请对方再做一些更为深入的介绍。切忌中途打断解说员，更不要跟解说员贫嘴，甚至有意提出一些难以解答的难题。解说员若没有回答或回答不了自己的问题，也不要拉下脸来给人家看。美术馆对观众的基本要求只有"肃静"二字。人们来到这里，是为了观赏艺术作品，而不是同他人讨论和交流，因此自己有再多的观感也必须暂时"含而不露"。

第五，举止检点。夫妻或情侣一同欣赏艺术作品时，举止上务必文明礼貌，切忌搂搂抱抱、勾肩搭背，不要把美术馆误作自家的卧房。一般来说，不要带不懂事的小孩进入美术馆。带领中小学生入场后，应对其多加叮咛，不要使其四处乱窜、乱摸乱动。欣赏艺术品时，应以礼待人。不要随意挤撞别人，或是抢到其他观众前面去。对于艺术品，我们只限眼观，不可手摸，更不能在艺术品上留下"标记"。

第三节　探病、婚丧礼仪

一、探病礼仪

探病礼仪是指到医院等特定场所探望病患者时所应遵循的礼仪行为规范。人吃五谷杂粮，难免会生病，人在生病时，最需要的就是朋友的安慰与照顾，当得知亲友生病后，应及时去医院或家中探望、慰问，帮助分担痛苦，同时通过探病可以加深了解，增进友谊，培养感情。去探望病人，无论是言谈举止、衣着、神情还是携带的物品都有讲究。

（一）探病前的准备

在探病前应当先了解一些具体的情况，打听清楚病人在什么病区以及病床号，以免到时到处打听，扰乱医院的宁静。要清楚病人近段时间是否因病情或治疗的特殊要求不宜接待探望者，以免空跑，并了解病人的心理状态和情绪状况。这样才能在与病人谈话时注意谈话内容，做到有的放矢，同时也可以使自己所购买的礼物满足病人的需要。

（二）探病时的礼仪

1.探视时间

探病的最佳时间是上午10：00-11：00，下午2：00-4：00，最好不要选择清晨、中午、傍晚、深夜或饭前、饭后，因为这些时间是病人休息的最佳时间，如果冒昧前去，很可能影响病人休息，虽然是一片好心，却收不到好的效果。无论病人是在家休养还是住院治疗，探望者都应注意探病时间的选择。

探望病人时，逗留时间不宜过长，一般把握在20分钟内。若病人已在康复中，并有较强兴致与人交谈，那么探望者可与之多谈一会儿。如果病人还处在静养阶段，探望者问候几句后便可离开。

2.探病时的装扮

探望病人时，还要注重着装，只要庄重、素雅就好。颜色鲜艳、时尚的衣服尽量不要穿，女性探病时，还要注意不能浓妆艳抹，因为病人在生病期间往往有某种心理倾向，可能影响病人的情绪，这对康复没有任何好处。

3. 探病时的言谈举止

到医院探望病人时，应遵守医院的规章制度，并在规定时间内探望。在病房不要吸烟、随地吐痰，不要乱丢果皮、纸屑等。

进入病房要先敲门，让病人觉得自己仍然受人尊重。进入病房时，要尽快找位子坐下，因为有人站在床前容易让病人产生紧张感。进入病房以后，如果看到病床周围有瓶子、管子和固定架等医疗用品和器具，切莫大惊小怪；看到痰盂、便桶、血迹脓水类，不要躲躲闪闪，面露厌恶状；看到病人消瘦憔悴、水肿黄疸之类的病态，也不要愁眉苦脸。要像平时见面一样与病人行握手之礼，这样做既可以告诉病人他的病已经好多了，可以和正常人一样与人行握手之礼了，又可以向病人传达真诚的问候。但是并不是每位病人都可以行握手之礼，要依病情而定。不管病人的病情有多么严重，都不能在病人面前流露哀伤的神情，更不能对着病人流泪。与病人说话时，要看着对方的眼睛，这样病人会认为你是真心诚意地关心他。病人在生病期间，最希望得到他人的鼓励，适当地说些鼓励的话，会增强病人抵抗病魔的信心。在谈话过程中，不能讲伤害病人自尊心、信心的话，因为这对病人起不到任何积极作用。

安慰病人家属，帮助做力所能及的事。对困难比较大的病人，可以组织同事朋友轮流看护。对需要长期治疗休养的病人，应经常去安慰、探望或写信，介绍外面的信息，让他们感受到别人的关心和问候，增强病人和家属战胜疾病的信心。

（三）礼物的选择和准备

一般探望病人时都要带点物品，以表心意。可请教医生或通过其他途径弄清病人病中忌讳什么，然后根据对病人的了解，选择合适的礼品。探病时所带的礼物以满足病人的需要、使病人尽快康复为前提和原则，最好让病人能感受到你送的礼物是经过精心准备的，病人确实需要的。鲜花水果、高品质的保健营养品、内容轻松的书刊，都是比较好的探病礼物。送鲜花时，应注意"花语"；送水果或食品时，要考虑哪些是病人能吃又想吃的东西，病人忌讳或不能吃的东西不能送，并且要注意产品的有效期；送书刊须根据病人的情况，更要慎重。

那么，带什么礼品探望病人最合适呢？下面给大家简单列举一些常用礼品。

1. 探望糖尿病病人、水肿病病人，不宜送苹果、香蕉等含糖量较高的食品，可以送含糖较低的食物或水果，如无糖奶粉、肉松、鸡蛋、猕猴桃等。

2. 探望高血压、高烧病人时，不宜送比较荤腻的食品，可送含有维生素的清淡食品，如新鲜水果、水果罐头和果汁等。

3.探望患气管炎、肺水肿、肺结核等咳嗽、咳血的病人，可送利于清肺、润肺的食品，如核桃、蜂蜜、银耳和梨等。

4.探望动过手术的病人，可送营养丰富、易消化、含钙质较多的食品。

5.探望贫血者、孕妇、产妇等病人，可送有营养、补血的食品。

二、婚丧礼仪

（一）婚礼的礼仪

随着时代的发展，结婚庆典的形式发生了许多变化，这对结婚礼仪也有了进一步的要求，为了给婚礼增添喜庆色彩，每位出席婚礼者都应掌握一些礼仪。

1.婚礼程序

婚礼上，新郎、新娘一般要在入口处迎接来宾。应邀者进入婚礼现场后，应听从接待者的安排，在指定的座位前就座。如果是自助式的婚礼宴会，则可以随便些。宣布婚礼开始后，可以演奏或播放歌曲，条件允许的还可以鸣放鞭炮。与此同时，在来宾的掌声和欢呼声中，新郎、新娘步入现场。在司仪的主持下，新人首先向双方的父母或其他尊长鞠躬，其次向全体来宾鞠躬，最后双方相互鞠躬。随后，邀请证婚人讲话，介绍新人双方恋爱的经过，并预祝新人婚后幸福；也可宣读结婚证书，宣布新婚夫妇婚姻合法。证婚人讲话后，可请新人双方的父母或其他尊长的代表即席讲话，向新郎、新娘表示祝贺。之后，应当请新郎、新娘依次讲话，向全体来宾致以感谢。也可由新婚夫妇一同表演文娱节目。礼毕，婚宴开始时，新郎、新娘应从主桌开始，逐桌逐席地向来宾敬酒。

2.婚宴的席位礼仪

参加婚礼仪式的人员应该有一张他们专用的新人桌。即使在不是十分正式的婚宴上，他们也应该有座位卡，标示出他们的专属座位。至于其他的宾客，婚宴会场内应该摆有几张比较小的桌子，好让他们在交谈和跳舞之余有地方可以坐下来。在任何盛大的婚宴上，通常都可以看到一张父母专用桌，让家人以及重要的宾客或挚友交替着坐满这张餐桌。

3.婚宴的敬酒礼仪

在婚宴上，敬酒是极为重要且不可或缺的一环。当敬酒开始时，主婚人率先举杯向新娘敬酒后，参加婚礼仪式的人员如表示要向新人敬酒，主婚人就会逐一示意他们上前敬酒。敬酒时，有若干礼节必须加以遵循。接受敬酒的人不必喝酒，只需坐在座位上，微笑面对敬酒者。要敬酒时，如果席间有10位宾客甚或更多，务必站起身来。如果是在人数较少，彼此都熟识的场合，则可以坐着敬酒。为了引起他人的注意，也可以先说句开场白。婚宴上每一次敬酒时间不宜超过三分钟，应当长话短说。

4. 参加婚礼的礼仪

（1）送礼金的礼仪

赠送礼金要选择时机，一般在出席婚礼前送上，假如选错时机很可能让他人觉得不懂礼节。送礼金时要根据自身经济实力、双方关系的密切程度确定礼金数量，只要不是太少就行，但也要根据自己的实际情况量力而行，同时要考虑到对方的感受，给对方留点余地，别让对方太为难。一般情况下红包应该是双数，意思是大吉大利、好事成双。假如打算带家眷去喝喜酒，还是要多添一点礼金为好，以免给别人留下不好的印象。

（2）参加婚礼的仪表礼仪

应邀者应适当注重自己的仪表。就服装而言，最好穿较为正式的礼服，女宾打扮不要过于妖艳，以免出现喧宾夺主的现象；男宾最好着西装，显得大方得体。值得注意的是：礼服的颜色最好避开黑色，防止让对方联想到丧礼，破坏喜庆的气氛。

（3）婚宴进行时的礼仪

按照主人和服务员指引入座，一般和熟悉的亲友坐在一起。取菜、吃食要有礼貌。新郎、新娘到各席表示感谢宾客光临，大家起立举杯，和新郎、新娘轻轻碰杯，喝一口喜酒，表示祝福。婚宴将结束，新郎、新娘前来献茶，要双手接过。

参加婚宴，不要过量饮酒，以免醉后狂言失礼，也不要把新郎、新娘灌醉。婚宴尽量轻松愉快些，切莫酗酒，要让新郎、新娘圆满地结束宴会，早入洞房。在婚礼上，当司仪宣读祝词时，在场的人应停止嬉笑、吃东西，注意倾听，并随时鼓掌，营造婚礼的热烈气氛。在婚礼上，如果想告辞，不必向新人面辞，除非新人刚好在周围且闲着无事。与熟人谈笑时，也要注意分寸，言谈举止都要符合婚庆礼仪，不能因为气氛热烈而忘形失态，这是十分不礼貌的行为。

西方婚礼一般在法庭、各种宗教的教堂、小礼拜堂里举行。婚礼上，男女互相交换结婚戒指。也可以在自己的家、朋友的家或户外像公园这样的地方举行婚礼。婚礼结束后有婚宴和舞会。婚宴后，新娘、新郎坐汽车去机场或车站开始他们的蜜月旅行。亲友欢送新人去度蜜月，场面通常很热闹。新郎、新娘离开后，客人陆续向新娘的父母告别。

（二）丧葬礼仪

亲友过世了，家人都会用最好的方式，举行最隆重的礼仪，这些哀悼的仪式礼节就是丧葬礼仪。这既是对死者的祭奠，又是对死者家属的安慰，所以知道一些丧葬礼仪很重要。

1. 参加追悼会人员的服饰要求

参加丧礼时，要注意服装礼仪。穿着以素净、庄重为原则。吊慰死者前先将项链、时尚的耳饰取下来，将浓妆改为淡妆，着正规的丧服、深色的套装或连衣裙等。刚丧偶的妇人应该穿着朴素深色的衣服。青少年应该穿上朴素的衣服。年轻男士、接待员以及抬棺人员穿相同的衣着，如深色西装配上白衬衫、黑领带，脚穿黑色皮鞋。

2. 赠送祭品的礼仪

丧礼祭品的样式要体现出对死者的哀悼，选择时应该慎重，一般情况下采用的是挽幛、挽联、花圈等。有些人为了表达对死者的尊敬，挽幛和挽联的内容大多由自己书写，此时用词必须仔细斟酌，特别是挽联。另外，以金钱为奠仪，已经成为当前最为普遍的一种形式，也是最经济、实惠的祭品。金钱一般为单数，用白纸包好，封面书写送礼者的姓名及单位。如果亲友们的奠仪集合起来，可以解决丧葬费，还能为当事人减轻一部分负担，这样既告慰了死者，又帮助了生者，可谓一举两得。

3. 吊丧的礼仪

接到亲戚、朋友、同事去世的消息，要进行吊唁，又称吊丧。吊丧时，应表示沉痛哀悼之情，态度要严肃，感情要真挚，切不可随随便便、拖拖拉拉，给人一种漫不经心、毫不在乎的感觉，这样既亵渎死者，又侮辱生者。

当得知亲朋好友去世的消息后，即应赶紧前往吊丧，不应故意拖延。知而不去，是严重的失礼行为。参加追悼会时，一般可单独或几个人合送花圈以寄托哀思，也可以送挽幛。追悼会是有严格礼仪要求的，从衣着打扮到挽联悼词，都有一定的规范。

追悼会一般在遗体所在地召开，也有的在殡仪馆或火葬场召开。会前应做好充分的准备工作，按上文的要求布置好会场。由事先委托的治丧人员在会场门口代表亲属迎候亲友和致哀者，并发放黄花、白花和黑纱，一切就绪后，在约定的时刻，即可正式举行追悼大会。

丧礼举行当天，不能迟到。准时到达以后，在签名簿上写下自己的名字并领取相应的佩戴物品，轻轻地走进丧礼会场，给死者上香，鞠躬。行礼完毕以后，不要立刻转身离开，还应由衷地劝慰死者家属节哀顺变。安慰丧亲者时要注意方式方法，不要急于劝阻对方痛哭。因为，哭能将内心的痛苦宣泄出来，减轻精神压力，恢复心理平衡。如果多数人一起行礼，可委派一个人当主祭者，其他人陪同上香、献花、鞠躬。行礼后，不要忘记安慰家属。行礼全部结束以后，要尽快离开现场，以免给家属带来麻烦。

失去亲人的人，最需要别人的支持与关爱，不要因为丧礼结束，就认为心意已经达到了，适时地关心、帮助一下失去亲人的人，对他们来说是莫大的安慰，会让他们对你感激不尽。安慰的最好的方式就是多陪他们聊天，约他们一起外出散心，分散他们的注意力，从而达到缓解沉重心情的目的。

4. 民间报丧的方法

（1）口头报丧。亲自前往口头报丧。这时神情要沉痛、举止要庄重。

（2）写报丧信。信中要写明逝者与报丧人的关系、逝世原因、逝世的日期与追悼会的地点和时间。

（3）张贴、刊登讣告。写讣告要注意写清去世者的一般情况、简单经历、举行追悼仪式的时间和地点。讣告的用语要简练、庄重。书写讣告的纸必须用白色或黄色，墨料多用黑色，并在丧事举办之前较早张贴或发出。

【相关链接】

诞生礼与寿辰礼

生日，又称诞辰，它是生命开始的纪念日，人们通常把60岁之前叫"过生日"，60岁之后叫"做寿"。过去，人们对老人和婴儿的生日庆祝活动尤为重视，而且有所谓"做九不做十"的说法，即认为"满招损，谦受益"，凡逢十之大寿，如60、70岁生日，应提前一年庆祝，在59岁生日时庆祝60岁生日，在69岁生日时庆祝70岁生日。目前，人们仍旧恪守这样的习俗。但是年轻人庆祝生日的活动却花样翻新，不拘一格。

婴儿的诞生礼

一般在婴儿出生三天后举行"洗三"，俗称"三朝"，是父母为婴儿举办的第一个礼仪，充分表达了长者对孩子的美好祝福。当婴儿一个月大时，父母会为婴儿举办"满月"礼，亲朋好友都要前去祝贺。外婆要给小外孙做衣服，请理发师为婴儿剃"落胎发"，对婴儿的胎发，父母应妥善处理。作为婴儿的父母，出于礼貌，还应置办酒席招待亲友。另外，婴儿的周岁礼也很重要，同样应郑重庆贺。这一天，许多家长、亲友会给小孩买一些玩具、童装、幼儿书画，当作贺礼，为孩子庆祝生日。一般情况下，小孩出生后前三个生日举办得应隆重一些，从四岁开始，就不十分讲究了。

寿辰礼

在日常生活中，中老年人最注重的就是过生日。60岁是花甲寿，做儿女的为表孝心，要为父母举办生日宴会，希望父母长命百岁。寿宴一般由子女或亲戚朋友出面举办。举办前必须确定邀请对象，印制邀请函，准备寿宴所需要的物品，置办酒席等。被邀请者在参加庆寿活动前也应有所准备，不好空手去庆贺。一般情况下，都要准备一份寿礼，寿礼可以根据与邀请人的关系密切程度而定，礼物要实用，不宜特别贵重，或过于便宜。

寿宴一般在家中举办，在正屋设置一个寿堂，用纸或绸剪一个大红"寿"字贴在寿堂正中，两旁挂上寿联。注意，这些准备工作，在寿宴的前一天就要开始准备，前天晚上先由儿女媳婿设宴庆寿，这叫作"暖寿"，当天，再由亲朋好友为老人庆祝。

应邀参加生日或祝寿活动，出入这种场合应注意哪些礼仪呢？

1. 准备寿礼。除参加团体性的祝寿由集体准备外，凡参加个人祝寿活动的，都要携带些礼物。寿礼一般可选包装精美、做工精细、含有祝贺健康长寿、吉祥如意意义的食品或物品。

2. 服饰适宜。参加寿礼活动的服饰宜选择色调明快的衣服，不要穿全黑或全白的服饰。

3. 言行得体。寿日，在我国民意中被看作大吉大利的日子，因此，这天作为客人说话多以祝贺、颂扬为主，不要讲不吉利的话。带小孩的人要注意关照，不要让小孩乱动乱跑，以免打碎杯子，也不要让小孩啼哭，因为这些都被民间视为不吉利。

此外，我们还要注意基本的生日晚会的礼仪。

第一，生日晚会的准备。邀请亲友参加自己的生日晚会或者是自己孩子、长辈的生日晚会时，应尽早相告并发出正式邀请。具体的邀请方式可以是口头通知、托人传达、电话联络，也可以是寄发信件或者发出邀请函。为了掌握将要出席的准确人数，以便安排足够的餐饮，务必告知被邀请者尽早答复是否参加晚会。生日晚会多在傍晚时分举行，时间可长、可短，地点多安排在过生日者的家中。宾客抵达时，过生日者与家人应一道在门口迎候，并与宾客一一握手，表示感谢。

第二，参加生日晚会。接到他人邀请自己参加生日晚会的通知后，应尽早做出答复，并确定自己将以何种形式向寿星表示祝贺。在一般情况下，对待出席他人生日晚会或者其他形式的生日庆祝活动的邀请，都不应该拒绝。因为唯有对方的至亲挚友才有可能得到这样的邀请。如果决定亲自参加他人的生日庆祝活动，应事先通报对方，并准时参加，不要迟到。赠送生日礼物，应在参加生日庆祝活动时当面递交过生日者。在生日晚会上，宾客都应言行检点。饮酒要适量，不要强行给过生日者或者其他人灌酒、起哄。在一般情况下，出席亲友的生日庆祝活动不可中途离席。在主要活动项目结束后，与过生日者及其家人分别道别后，方可离去。

课后作业

1.以小组为单位，模拟不同车型的商务乘车礼仪。

2.简述参加朋友的婚宴应该注意的问题。

3.出门旅游，熟悉应该注意的礼仪。

第六章　校园礼仪

1.掌握校园礼仪知识，做到尊敬老师、友爱同学；

2.熟悉学校的主要活动礼仪、课堂礼仪、用餐礼仪、阅览礼仪及交往礼仪；

3.在公共场所讲究文明礼仪，做文明大学生。

　　学校，是教书育人的专门场所，礼仪教育是德育、美育的重要内容。开展礼仪教育，可以通过开设专门课程、举办系列讲座等纳入教育计划，也可以通过检查、评比等活动促进习惯的养成。礼仪教育的内容，除了社会通用的礼仪常识之外，还应突出学校特点，让学生首先学会做一名谦恭有礼、文明守纪的好学生。同时，教师应该为学生在礼仪方面做出表率。

　　学生是学校工作的主体，因此，学生应具有的礼仪常识是学校礼仪教育重要的一部分。学校的礼仪规范有不少已经制度化。例如根据教育部《高等学校学生行为准则》的要求，学校制定了相应的《学生文明行为规范》，对大学生的生活、学习、活动礼仪都有一定的要求。学生在课堂上，在活动中，在与教师和同学相处过程中都要遵守一定的礼仪。

第一节　校园基本礼仪

一、日常生活礼仪

　　学生是一个特殊的群体，有相对固定的生活环境，日常生活有自己的特点。学生日常生活礼仪总体要求有：

1. 着装大方

在与他人交往的过程中，大方得体的着装可以给人良好的第一印象。对学生来讲，在校园生活里，尤其在学习期间，着装大方、端庄，不穿透、露、短等不合礼仪规范的衣服，是基本要求。同时，还要注意着装的整体美与协调性。从穿着可以看出一个人的品位、性格、修养和对别人的态度，也在一定程度上决定了其是否值得别人尊重。

2. 化妆简洁

对处于青春时代的大学生来讲，尤其是女大学生，化妆打扮很正常，但应展现个人简洁、整齐、卫生、清爽的面貌，不宜浓妆艳抹，那是极度缺乏自信的表现。

3. 举止优雅

体态语言是无声的语言。体态语言的形成，与个人的综合素质密切相关。通过个体的体态语言，完全可以判断出他的教养和潜质。因此，作为大学生，不仅要注意自己的体态语言，更要在平时注意养成良好的体态语言习惯。

4. 注意卫生

养成良好的卫生习惯，不仅是健康的需要，也是个人形象的需要。作为学生，在日常生活中要注意公共卫生和个人卫生，既给他人留下良好的印象，也使自己有一个健康的体魄和良好的心态。

5. 尊重他人隐私

尊重他人隐私是社会文明的表现，也是衡量个体文明的重要尺度。隐私主要包括：身体隐私（如身体缺陷等）、信函隐私（对同学或他人的信函不要私拆）、通信隐私（对同学的电话不要偷听，不要私自接听他人的电话）、情感隐私（不要追问同学不愿意回答的问题，尤其是一些敏感的问题）、日记隐私（不要翻看同学的日记）、家庭隐私（有些同学不愿意将自己的家庭情况告诉别人，就不要追问）。即便是同学非常信任你，告诉你他的一些隐私，也切记不要传播，特别是不要未经同学授意，私自向媒体公布。个人隐私是受法律保护的。

6. 诚信做人

诚信是评价一个人道德品质的重要尺度。在学校，对人、对事诚实守信，是人与人交往必须遵循的一个重要原则。因此，如实填报有关信息、诚信考试不作弊、遵守诺言、及时归还借贷款等，是学生应该严格遵守的行为规范。

二、校园场所礼仪

学生每天在学校学习生活，应当遵守学校和班级规定的相关礼仪。

1. 爱护公物

校园是大家共同生活学习的地方，作为学生，首先应爱护校园里的一草一木，然后才能保护社会环境。

要爱护教学设备。教学设备和用品是教师向学生传授知识的物质条件，无论是现代化的电教设施、操场上的体育设施，还是最普通的一桌一凳，都应加以爱护，不能损坏。如果不小心造成损坏，要承认错误，并照价赔偿。

要自觉地节约水电。节约是美德，节约公共资源是现代文明的基本素质之一。任何浪费都是可耻的。

2. 保护环境

每个学生都希望有良好的学习环境。良好的学习环境要靠大家共同创造和维护。只要大家对学习环境精心布置、使其保持卫生整洁，就可以使我们拥有良好的学习条件。像在教学楼、教室的墙上乱涂乱画，随地吐痰，随手乱扔废纸及食品包装袋等行为都应自觉避免。

3. 文明礼貌

在校园生活，举止行为一定要文明。在校园和教学楼内追逐打闹、高声喊叫、勾肩搭背、语言粗俗，都是行为不文明的表现。在校园，上下楼梯时要靠右行走；讲话文明、不说脏话；对老师和同学不论是否熟悉，都要有礼貌。

三、课堂礼仪

课堂是传授知识的神圣殿堂，也是学生学习知识的主要场所，是一个庄严的地方。遵守课堂纪律是学生最基本的礼貌。

1. 课前准备

在进入课堂之前应关闭手机，如果确实有重要的事情需要开机，也应该将其设置为震动或静音，不要让铃声干扰老师授课和其他同学听课。在上课期间，不管何种原因，都不应接打手机或查看短信。上课前，对本堂课的教学内容要做好预习，这样课堂上才能配合老师的讲授，取得良好的学习效果。课前要准备好上课要用的书、笔记本和文具，不上无准备之课。

2. 上课礼仪

上课时，学生应安静地端坐在教室里，恭候老师上课。当老师宣布上课时，全班应迅速肃立，向老师问好，待老师答礼后，方可坐下。学生应当准时到校上课，若因特殊情况，不得已在老师上课后进入教室，应在得到老师允许后，方可进入教室。

3. 听讲礼仪

在课堂上，要认真听老师讲解，注意力集中，独立思考，重要的内容应做好笔记。当老师提问时，应该先举手，待老师点名时才可站起来回答。发言时，身体要立正，态度要落落大方，声音要清晰响亮，并且应当使用普通话。

4. 下课礼仪

听到下课铃响时，若老师还未宣布下课，学生应当安心听讲，不要忙着收拾书本，或把桌子弄得乒乓作响，这是对老师的不尊重。下课时，全体同学仍需起立，与老师互道"再见"。待老师离开教室后，学生方可离开。

5. 课堂着装

教室是供学生学习的地方，学生着装必须与教室的环境相适应。进教室上课时，着装要整齐大方，不能过于随便，也不必刻意讲究，或太拘谨。衣服的纽扣应该按照各种服装的规范扣好，破的地方要及时补好。应该切记：不穿短裤、拖鞋、背心进教室，不敞着、披着衣服进教室，不卷着裤腿、挽着袖子、散着鞋带、拖着鞋进教室；女生不穿超短裙或无袖、低胸的衣服进教室，不穿过高的高跟鞋、吊带衫（裙）进教室；不穿太脏的鞋子进教室，不光着脚或袒胸露背地进教室。

6. 出入教室礼仪

上课期间，不能随意进出教室，这个时候老师和学生都处于上课状态，打扰老师和同学是不礼貌的，而且也会影响自己的学习。如果确有特殊情况需要从教室出去，必须举手向老师示意，经同意后才能出去；如果老师没有看见或不同意，而事情又刻不容缓的话，可以用写纸条的方式向老师说明情况。不能为了请假而破坏正常的课堂教学秩序。离开教室时一定要轻手轻脚、步幅要小，不要引起大的声响。要注意低头躬身，以免遮住其他同学的视线；要尽量就近离开，离开时不要做鬼脸引人发笑。

7. 课堂问答

老师在授课时，一般会留下适当的时间让学生讨论或向老师提问。这是将学习的知识进行拓展和深化的时候，学生应该积极参与讨论、大胆提问。当然，在提问之前，应做好准备。如果老师让学生自由提问，要礼貌地举手，得到示意后站起来提问；如果老师没有点到自己，就要耐心地等待，然后争取机会；如果上课期间没能提问，而自己的问题又没有解决，可以在课下向老师请教。所提问题一定要与授课内容密切相关，不要离题太远，提问时间不要过长，也不要反复纠缠。自己的问题得到了满意的解答，要向老师说谢谢，然后坐下。

四、集会礼仪

集会在学校是经常举行的活动，一般在操场或礼堂举行，由于参加者人数众多，又是正规场合，因此要格外注意集会的礼仪。以升国旗仪式为例：国旗是一个国家的象征，升降国旗是对青少年进行爱国主义教育的一种方式。无论中小学还是大学，都要定期举行升国旗的仪式。升旗时，全体学生应列队整齐排列，面向国旗，肃立致敬。当升国旗、奏国歌时，要立正，脱帽，行注目礼，直至升旗完毕。升旗是一种严肃、庄重的活动，一定要保持安静，切忌自由活动、嘻嘻哈哈或东张西望。神态要庄严，当五星红旗冉冉升起时，所有在场的人都应抬头注视。

五、就餐礼仪

1. 自觉排队

要有秩序地进入餐厅，不要冲、跑、挤。学生在食堂就餐，应自觉排队，讲究次序。每天开饭的时间，食堂里的人非常多，有的同学喜欢在排队等候的时候打打闹闹，有的同学则用勺子或筷子敲打饭碗，个别不自觉的同学插队，使原本已喧闹的餐厅显得更加嘈杂和混乱。为使同学们有一个良好的就餐环境，每位同学都应该按照先来后到的顺序自觉排队，并维护周围环境，养成良好的文明习惯。

2. 节约就餐

就餐时不要铺张浪费，要勤俭节约。古人云："锄禾日当午，汗滴禾下土。谁知盘中餐，粒粒皆辛苦。"就餐时，要根据自己的食欲和饭量购买饭菜，不能讲攀比之风，为了"面子"点菜，造成浪费。应该爱惜食物，不要随便剩饭、剩菜。如果实在有吃不下的饭、菜，要倒进指定的泔水桶，不要往洗碗池、洗手池里倒。

3. 礼让座位

在就餐高峰时，食堂里人满为患，找到空位子的确很难。如果餐桌上已经有一位就餐的同学，还有一个空位子的时候，后来者可以礼貌地问先来的同学："请问这里可以坐吗？"在得到肯定的回答后再入座。入座时，抽出椅子的动作要轻，还要注意和邻桌保持距离，留出空道。先到的同学对后来的同学要求同桌用餐，应该表示欢迎，同时不妨酌情移动一下座位，方便他人入座。如果和师长在一起吃饭，要请师长先入座。

4. 文明进餐

吃饭时，要细嚼慢咽，不可狼吞虎咽。咀嚼食物时，嘴里不要发出太大的声音。骨、刺以及无法吃的其他东西，不要随地乱吐，可以放在餐具里或吐到自己准备的替代盛具里。不能当着别人的面剔牙，如果非剔不可时，也需要用一只手或其他物品遮嘴，用另一只手剔牙。此外，进餐时不要大声喧哗，更不要肆意打闹。和师长、同学以及熟悉的人在一起吃饭，先吃完的要说："大家慢慢吃。"

5. 保持清洁

在食堂就餐，大家都希望就餐环境清洁、卫生。保持食堂的清洁、卫生，不仅仅是食堂工作人员的责任，也是广大同学应该自觉地维护的。因此，在就餐的过程中，注意不要把饭菜洒到桌面上或地上。如果有鱼刺、鸡骨之类的东西，要暂时把它们放在一边，而不要放在别人的眼前，以免影响他人就餐。就餐结束，应清理好自己的餐具及遗弃物品。吃完饭后应自觉地把餐具放在指定的地方。

六、图书馆礼仪

图书馆是人们追求精神文化生活的地方，每位读者在求知的同时，都应爱护图书，遵守图书馆的规章制度。

出入图书馆、阅览室要保持安静，不可大声喧哗，也不得热烈讨论或大声争论问题，不吃零食，不吸烟，不随地吐痰，入座时移动椅子要轻挪轻放。

借阅图书时，要自觉遵守借阅规定，主动出示证件，使用文明用语。要按次序凭借书证借书。检索卡片时，用力要轻缓，不要弄丢、弄坏。去书架找书，要轻取轻放。图书看完后要放回原处。阅毕或借期已到，应及时归还，以便别人借阅，充分发挥图书的利用价值。

进入阅览室应寄存背包；不要一个人占几个人的位置；在电子阅览室要爱护仪器设备，服从管理人员的管理，不能利用图书馆计算机进行网上非法及不道德的活动。借阅高峰期人员拥挤时要自觉遵守公共秩序，维持公共卫生。

在阅览室要文明阅览，维护阅览室的安静，阅览时要轻轻地翻书页，尽量不发出声音，翻页时不要沾唾沫。要爱护图书，不折叠、污损，不乱涂、乱画。对自己有用的资料可以用笔记本抄录或者复印。撕坏书或"开天窗"，甚至将书窃为己有，都是不道德的行为。对于珍贵图书要倍加珍惜，如有损坏，应主动按规定赔偿。

对开放书刊应逐册取阅，不要同时占有多份。阅后立即放回原处，以免影响他人阅读。

第二节　校园交往礼仪

学生主要的生活场所是校园这个特殊环境，在这个特殊环境中，学生要生活、学习和与人交往，交往的主要对象有老师、同学及其他一些人员，与人交往应该遵守相关的礼仪规范。

一、师生之间的交往礼仪

师生交往是校园人际交往中最重要的一个方面。作为学生，应遵守以下礼仪：

1. 尊敬师长

尊敬老师，首要的就是尊重老师的劳动。教师为了讲好每一节课要花费很大心血备课。因此，作为学生，应以最饱满的热情，集中精神，积极思索，认真听好每一节课，这是对老师艰苦劳动的最大尊重。老师布置的作业，是课堂教学的延续，同样倾注了老师的心血，学生应按时、认真、独立地完成，并且认真思考老师在作业上的批改，这同样是对老师的一种尊重。

其次，应该虚心接受老师的批评教育。教师不仅要教书，还要育人，教师总是以最大的热忱、最审慎的眼光来观察、分析和研究每一位学生的思想品质和性格特征，教师还要研究每一位学生的学习情况、社会环境和家庭环境，以便全面地培养和造就他们。因此，学生虚心地听取老师的批评帮助，认真地改正自己的缺点错误，同样是对老师的尊敬和热爱。老师的批评如果与事实有出入，学生要在老师讲过话后平心静气地解释，或在事后找适当的场合、时机加以说明。与老师发生矛盾时，学生不要顶撞老师，更不要在课下散布对老师的不满情绪，或发表无理言辞。

尊重老师，还应该自觉地维护老师的威信，尊重老师的习惯和人格。学生对老师的相貌和衣着不应指指点点、评头论足，更不应给老师乱起绰号。

学生与老师见面时，应行见面礼，主动问好，使用尊称，不直呼其名。

学生在校园内进出或上下楼梯与老师相遇时，应主动向老师行礼问好。学生进老师的办公室时，应先敲门，经老师允许后方可进入。在老师的工作、生活场所，不能随便翻动老师的物品。

2. 一视同仁

班主任和辅导员是班集体的组织者与领导者，学生是班集体的主体和各项活动的参与者。教学、教育活动把班主任、辅导员与学生紧密地联系在一起。

学生一般是无法选择班主任的。因此，作为学生，如何适应客观环境，适应班主任和辅导员是非常重要的。在学校里，对任课教师和班主任、辅导员来讲，差别仅在于学校的安排不同、分工不同，相同的是他们都在为学生服务，都在为学生的教育成才做自己力所能及的工作，他们都同样付出了自己的心血，因此，对他们要一视同仁，同等尊重。

3. 消除误解

在学校中，师生朝夕相处，有时会由于各种原因，造成分歧或误解。与老师发生一些矛盾，这是正常的现象，关键在于如何处理解决好矛盾，不要因此影响师生关系和学习情绪。

要客观分析，克服感情用事，避免先入为主。作为老师，对学生都有一颗爱心。一般来说，老师对学生都是客观的，没有什么偏爱，因此不要主观认为老师在故意找茬，不可感情用事，有事要和老师、家长说清楚；学会设身处地、互换位置来思考问题，多一些理解和宽容。在师生交往中，如果发生了分歧或摩擦，学生要冷静地想一想对方是不是故意的，是不是自己的言行有误，反省自己的缺点和错误。这样的话，就不会冲动，就可以心平气和，做到得理也让人，无理便认错。

4. 坦诚相见

在课堂上，学生应该尊敬老师；在课余，学生应当协助老师开展活动和工作。对老师恭恭敬敬、唯命是从未必就是尊敬，向老师直抒己见、表达不同观点未必就是不尊敬。

与人谈话要注意选择合适的时机和场合，给老师提意见和建议也是如此。一般不要在老师讲课时打断讲话，如果发现老师有误，不要马上发表意见，可以等到讲话结束或下课以后，私下找老师交换意见。在与老师谈话的过程中要讲究语言艺术，尤其是向老师提意见的时候，更要注意语气和方式，否则很容易引起误解和反感。

口头难言，书面表达。有的问题当面不好说，有些问题较为复杂，有些同学不善于当面提意见，还有些话当面字斟句酌地讲出来令人难堪……凡是当面不好讲的话，都可以采用书面的方式表达。书面表达有很多好处：可以避免面对面的尴尬，可以在措辞上讲究一些，也可以更委婉和艺术。这样不仅不会伤害师生感情，还有利于老师改进自己的工作、增进师生之间的感情。

二、同学之间的交往礼仪

在学校里，同学之间的交往是最为频繁的，相互之间在交往中表现得较为真实，伪装的成分很少。这就更要注意同学之间的交往礼仪。

1.同学相处礼仪

注重同学之间的礼仪，是获得良好同学关系的基本途径。同学之间问候可彼此直呼其名，但不能用"喂""哎"等不礼貌用语称呼同学。在有求于同学时，应用"请""谢谢""麻烦你"等礼貌用语。借用学习和生活用品时，应先征得同意后再拿，用后及时归还，并要致谢。对同学遭遇的不幸、偶尔的失败、学习上暂时的落后等，不应嘲笑、歧视，而应给予热情的帮助。对同学的相貌、体态、衣着不能评头论足，也不应给同学起侮辱性的绰号，绝对不能嘲笑同学的生理缺陷，这事关同学的自尊。同学忌讳的话题不要去谈，不要随便议论同学的不是。

2.平等相待，团结友爱

俗话说："一辈子同学三辈子亲。"同学之间的感情是最纯真的，同学式的交往是很真诚的，这种友谊是最值得珍惜的。因此，同学之间要平等待人，相互友爱，主动帮助有困难的人，尊重他人的生活习惯。要处处团结同学，一言一行、一举一动都要从团结的愿望出发，保护他人的自尊心，尊重他人的人格，多了解别人的优点，有意识地取长补短。

3.注意沟通，把握分寸

交谈是同学之间交流的主要形式和交际手段。同学们之间的交流比较随意，但也有一定的礼仪规范。说话态度要诚恳、谦虚，交谈中力求语言文雅。对听到的似是而非的传言，要明辨真伪，做到不轻信、不盲从，而且绝不传播。切忌在背地里对别人说长道短。

和同学交谈要注意把握分寸，即使开玩笑，也要注意场合，管住自己的嘴巴。该说则说，不该说的绝对不说；高兴时要注意把握分寸，盛怒时更要注意把握分寸。不能因情绪所致，忘乎所以，等理智时再来后悔。

4. 相互关爱，乐于助人

乐于助人是中华民族的传统美德之一，也是礼仪修养中不可或缺的内容。当代大学生，更要把这一传统美德发扬光大，在同学需要帮助时伸出自己的援助之手，让同学感受到大家的关爱和强烈的同学情谊。当然，对别人的帮助既要尽力而为，也要量力而行。不能强求别人帮助自己，有困难尽量自己多克服，有痛苦自己多承受，尽可能避免打扰或麻烦别人。

5. 集体生活，顾全大局

集体生活中，要顾全大局，遵循规章制度，按照大多数人的意志行事，千万不能我行我素，只顾自己，不顾别人，尤其不能把自己的方便建立在对别人的伤害之上。在班集体中，对班级的事情要多一些关心，要有集体荣誉感，不做不利于班集体的事情；在宿舍中，要照顾大多数人的生活习惯，不能自己一个人标新立异，这样难以与寝室同学和谐共处。有些同学总认为自己所做的就是正确的，一切从自己的利益出发，一旦不能满足自己的愿望，就脱离集体或反集体。这样的做法是不对的。一个温暖的集体，需要大家齐心呵护。在集体生活中，难免会发生一些磕磕碰碰的事情，但只要有宽大的胸怀，有对他人的爱心，有为集体奉献的热忱，矛盾和问题都能化解和解决。

6. 学会寻求帮助

现在的大学生多是独生子女，从小到大受到父母亲友无微不至的呵护，涉世未深，在遭遇困难和困境时手足无措，易受到伤害。我们提倡"不伤害别人，不被人伤害，也不要伤害自己"。在学校中，每一位同学都要积极帮助别人，也要学会向同学、老师甚至警察求助，遇到自己不能独立解决的问题时，学会运用集体、社会的力量解决，达到保护自己的目的。

三、与其他人员的交往礼仪

除老师、辅导员外，学校的其他工作人员还很多。有为教学服务的，有为学生管理服务的，也有为学生的生活做后勤保障的。与他们交往，也是学校人际交往的重要内容。与这些人的交往，要注意这样几方面：

1. 态度上尊重他们

学校的非教学人员虽然不在教学第一线，但其工作性质、目标都是为学生服务的，只是分工不同。因此，同学们在与他们交往接触时，态度要诚恳，言语要尊重，不能有"不教我，就不能管我，管我也不听"的错误想法和做法。尊重不仅表现在打招呼上，还应该理解他们，尊重他们的劳动。

2. 感情上热爱他们

一位教育家说过："心地善良的人首要的一点就是爱人。他对共同事业的忠诚来源于对人的热爱。"在与非教学人员的交往中，更要加强对他人的关心和热爱。

3. 行动上支持他们

教辅工作人员经常与学生接触，他们在执行任务或配合教学做辅助工作的时候需要学生积极、主动、热情的支持和协助才能完成，作为学生不要有意为难或顶撞他们。

4. 恋人间的交往

大学期间，同学们青春勃发，有对爱情的美好向往，也有对异性的爱慕之情。青春期的恋爱无可厚非，但是要注意恋爱中的礼仪。学生恋爱，不要在学校公共场所卿卿我我、搂搂抱抱，不分场合、不分时间地表现自己对对方的爱意。大学生之间的恋爱有很多不确定因素，有些恋人因为各种原因分手了，分手的恋人要尽量友好，不要单方面纠缠不清，也不要反目成仇、伤害对方，应把曾经的经历当作美好的回忆。

【相关链接】

做有礼貌的人

几个同学在校园里肩并肩有说有笑地走着。这时，迎面走来一位老师，他们都不认识。当这位老师走到这几名同学身边时，其他人都还是说笑，只有一位同学，恭敬地鞠了一躬，说了声："老师好！"老师当然也很高兴地回答了一句："你好！"别的同学都没有哼一声。等老师过去之后，有的人说那个同学"傻样"，不认识的老师还给鞠躬；有的人说他根本是装样子，给别人看的。那个同学没有反驳他们，只是说了一句："做一个有礼貌的人是做学生的最基本要求。"

尽管他的话音不高，可是却让那几位同学心灵受到了震撼。

课后作业

制定《大学生文明公约》：

（1）将学生分成若干组，每组成员独立制定《大学生文明公约》。

（2）要求在日常观察和网上调查的基础上，经过充分的讨论后形成《大学生文明公约》。

（3）《大学生文明公约》形成后，分组在全班交流，每组选派一名代表说明它的制定理念和独到之处。

（4）最后，师生共同总结。

第七章　求职礼仪

🏵 学习目标 🏵

1.了解求职应聘的相关知识；

2.掌握求职应聘的基本礼节。

俗话说：没有不合理的职场，只有不合理的心态。作为一名大学生，离开学校，踏入职场，你是否端正了心态呢？其实，人生伟业的建立，不在能知，乃在能行。如果在职场中能够选择"三心二意"，即信心、恒心、决心、创意和乐意，也许你的工作会更加顺利。

第一节　实习礼仪

实习是在校学生从学校到职场、从学生到职员的环境与角色的转变，是顺利踏上工作岗位、适应职场生活的奠基石。因此,实习礼仪对每一位学生来说都显得尤为重要，认真参与实习，是进入职场的重要准备。

一、实习准备礼仪

面对实习，为了适应职场，我们需要做的就是准备、准备、再准备，具体包括以下几点。

1.思想重视

思想上应高度重视实习，不要抱着玩一玩的心理，更不要想着做不好就随时走人。只有思想上高度重视了，你才会在行动上勤勤恳恳，虚心学习，不迟到，不挑三拣四，积极勇敢地面对各种困难和挑战，这样才能真正从实践中积累经验，得到锻炼，有所收获，而且为毕业求职留下好的口碑，打下好的基础。

2. 知识储备

一般而言，实习都是到与自己所学专业相关的单位，这时就要结合自己的专业，做好业务上的准备，了解实习单位的情况，熟悉业务内容，做到知己知彼。准备一份简单明了的简历，以供实习单位较全面地了解你的情况；准备一个和专业相关的作品集，以便实习单位更直观地了解你的专业水准；梳理大学所学的专业知识和专业技能，以便实习中娴熟应用。

3. 物质准备

根据实习单位的具体情况，准备所需要的物品，如通信工具、办公用品、笔记本电脑等，还要准备几套像样的职业装。从实习的第一天起，你就不仅是学生了，职场上要有职业形象，要做什么像什么。同时还要考虑交通问题，如果学校离实习单位较远，在经济条件允许的情况下，可以在单位附近租房，无论怎样，务必保证上班不迟到，工作时精力充沛。

二、实习过程礼仪

1. 遵纪守法，注意安全

首先，必须遵纪守法，尤其要认真学习行业相关的法律法规，绝不触犯。

其次，严格遵守学校的实习纪律。在实习的过程中，认真观察，善于思考，谨言慎行，维护学校形象。不随意中断实习过程，与学校实习老师保持联系，服从学校实习老师的安排。及时汇报实习的相关情况，按照学校要求撰写实习日记，做好实习总结。

最后，遵守相关实习单位的规章制度和劳动纪律。如在实习场所注意安全，穿戴符合规定。有些场所着装必须符合生产实习的着装规范，如系全纽扣，扎好袖口，戴安全帽，长头发女生必须将头发挽到工作帽中，等等。从学校走入职场，社会经验不足，要加强自我保护意识，要明辨是非，不要轻信传言，不要误入传销等非法组织，更不要因为贪利而成为不法分子利用的工具，要学会用法律来保护自己的合法权益。

2. 文明礼貌，乐于助人

实习生作为最基层的员工，要尊重实习单位的领导和其他员工，见面时主动热情地打招呼。别人工作忙时主动询问是否需要帮忙，力所能及地帮助他人不仅能为自己的形象加分，也能使自己的工作事半功倍。手脚要勤快，积极主动打扫办公室卫生，整理内务，烧水递茶等。文明用语常常挂在嘴边，多用"您""请问""谢谢"之类的礼貌用语。如果在工作中有小小的失误，要及时道歉，勇敢承认自己的错误，学会说"对不起"。

3. 虚心请教，取长补短

无论实习生在学校多么优秀，一旦走上社会开始实习，即是一个全新的开始。也许你的学习成绩很好，理论功底扎实，但你绝对缺少工作经验，俗话说，读万卷书，不如行万里路。所以，实习中一定要放下大学生的"清高"，对业务上不明白、不清楚的地方主动向实习指导老师、有经验的师傅和同事请教，不能因为自尊心或虚荣心而不懂装懂，更不可常把"这个不是这样的……""我们老师讲过，这个的原因是……""我在大学里就是这样学的"之类狂妄的话语挂在口头。当然，也不是一切都盲从，如果你的观点确实是正确的，你可以委婉地用探讨的口吻提出，相信你的诚心一定会打动别人。

4. 尊重隐私，谨言慎行

礼仪的核心是尊重，相互尊重是处理好人际关系的基础，在实习单位与同事相处，彼此间更要相互尊重，搞好团结。首先，不拉帮结派，不搞小团体、小圈子，这在任何一个单位都是非常重视的，因为它直接关系到单位的氛围，影响单位的发展。其次，不随便评论人和事。实习生不要主动问同事的学历、工龄、待遇及家庭问题，不要在同事面前评论领导。

第二节　应聘准备

一个人一生中参与面试的时间跟其整个职业生涯相比，很不起眼，但正是这不起眼的短暂面试有时却能决定你的收入，甚至你事业成就的高度，而且失败的面试会使你丧失人生中许多闪亮的机会。那么，我们要在与强大的对手竞争中脱颖而出，除了要具备良好的专业素养，掌握一些礼仪惯例和技巧也是非常必要的。有时，你在面试过程中表现出的礼仪修养甚至会起到举足轻重的作用。

一、求职前的思想准备

调整好自己的心态，让自己在有准备的情况下消除负面情绪，建立积极的心态，这在求职前是十分必要的。

1. 知己知彼

无论你是第一次求职，还是换岗、跳槽，首先要熟悉自己的专业知识水平，同时还要清楚了解自己的就业方向。对于专业性较强的求职者，这一点尤为重要。

古语云：凡事预则立，不预则废。职业生涯规划是事业成功的指南针。如果你专业知识扎实，又很喜爱自己的专业，就应当尽量选择一些适合自己专业发展的优秀企业和理想单位，力争进入。即使报酬不高，只要能够提高你未来的价值也是值得的；如果你专业学得并不好，也不喜欢从事本专业的工作，或者是自己的性格特征与本专业所要求的气质相距甚远，那就应该争取到对专业性要求不是很强的岗位去就业，不一定选择职位高的，而是选择能够相对独立做实事、有发展空间的职位。

记住第一份工作所追求的目标，放在第一位的永远是：有利于自己实际能力的提升，而不是待遇。如果你找到了一份你喜爱的工作，一份能使你的业务水平很快提高的工作，你就会相当满意。大科学家法拉第认为："工作也是报酬。"做好你应做的事，理想的薪水必然会到来。

2. 克服恐惧，消除幻想

适度的焦虑可以使人产生一种抗压力增强、积极向上、主动参与竞争的能力；过度的焦虑，则会干扰人的正常活动能力，产生较严重的心理障碍或疾病。在求职时，有些人渴望竞争，希望能找到理想的单位、职业，但由于害怕面对严酷的竞争结果或惧怕遭受挫折，而采取了一种逃避态度：成绩好、能力强者，幻想不参与竞争，"天上掉馅饼"，更有甚者陷入自我陶醉，"我既有实力，又有社会关系"，幻想用人单位会主动找上门来，认为哪个单位录用自己是它的荣幸，算它"慧眼识金"，那还得看自己想不想去；能力不强、学业也不优者，便自暴自弃，不思进取，不主动求职，消极等待，整日处于幻想状态，恍恍惚惚，浑浑噩噩，使自己的择业目标与当前严峻的就业形势形成极大的反差。这些都是错误的心态。希望每位求职者在求职前都要保持清醒的头脑，消除幻想，积极迎接社会的挑战。

3. 拥有自信，克服自卑

自信是求职成功的奠基石。一个没有自信心的求职者很难获得理想的工作岗位，自己都对自己没有信心，又如何让他人相信你？求职中的自卑心理实际上是对自己的不信任。一是担心自己不符合招聘单位的要求；二是在众多的竞争者面前担心自己不能取胜；三是自己主动去求职，担心对方不感兴趣。如此瞻前顾后，畏首畏尾，多半是不能成功的。参加招聘首先要做到心理上坦然，态度上自然，要相信自己的能力与水平，这样才能在语言应对中使自己获得正常乃至超常的发挥，因为能否被对方录用起决定作用的还是自我情况与对方标准的吻合程度，所以说，自信的应答来自健康的心理，也有助于顺利通过聘用考试。

二、撰写求职材料的礼仪

现代企业招聘安排面试的依据，是求职者相关情况的书面材料，通过这些书面材料来判断和评价求职者的学业成绩、工作潜能。因此，对求职者特别是刚毕业的大学生来说，若想迈好走出校园的第一步，在众多的求职者中脱颖而出，就要懂得求职材料的礼仪要求。

1. 求职信外观的礼仪要求

求职者能否获得面试的机会，主要取决于受教育程度、学业优劣、工作经历、技能熟练程度等，同时也取决于求职信是否让阅信人心动。若求职信外观设计新颖别致，富有创意，就会给招聘者留下深刻难忘的印象。比如，最好选择能令人为之惊艳的独特信封，信封颜色必须与信纸颜色相匹配，信封上最好贴上一枚精美的特种邮票，以悦人眼目。信封大小尺寸要恰当，应选用厚重一些、质地上乘的纸。纸的颜色应是白色，最好不要印有格子。至于印有信头的公文笺，绝不可以使用。信封上的地址、收信人姓名等一定要书写完整，不可有错。信封和信函的内容要亲笔书写，字迹要清晰可辨，不能涂涂改改，反复增删；若用计算机打字，要注意字号的选用及行距宽窄，不要过分拥挤，也不要太过稀疏。布局要给人以舒适的感觉。版面的设计应力求美观大方。信文的天头、地脚和左右页边也必须有适当的留白，且所留空白宜大体相等，切忌出现不对称的现象。求职信的篇幅不宜过长，要用精练的语言表达丰富的内容，冗长的求职信只能让人反感，但也不能太短，否则说不清问题，没有影响力。

2. 简历制作的"三要""三忌"礼仪

当代社会是一个注重形象的社会，可选一张端正大方的彩色证件照片，郑重、小心地贴在简历的右上角。姓名必须跟其他资料如身份证、毕业证、推荐信上的姓名保持一致，以免引起招聘单位的误解。

写作简历的"三要"礼仪：一要真实。简历是求职者工作经历、教育程度、获得学历、工作能力等方面的描述，是求职者实际情况的自然陈述。如果求职者捏造事实暂时获得了面试机会，甚至得到了工作，但是倘若将来用人单位发现事实真相，将会影响求职者的发展前程，因为你给人留下了不讲诚信的印象。二要简练。简历，要强调一个

"简"字，不要累赘。要学会给简历"瘦身"，因为人力资源招聘用于简历阅读的时间不会超过50秒，若写得太长，太详细，求职者会被认为是位不干练、不利落的人。三要有卖点。在投送简历前，要仔细阅读应聘单位对该职位工作职责的描述。简历要重点突出求职者的能力，要有吸引招聘者眼光的卖点，不要眉毛胡子一把抓。换句话说，就是要突出求职者能干什么，强项是什么，其能力可以给公司带来什么样的效益。

写作简历的"三忌"礼仪：一忌求职意向太多。写简历忌方向不明，条理不清。要突出一个重点，围绕一个主题，可多写几笔，写好写精，不要一篇简历看下来人家还不知道你究竟想去哪个岗位，适合做什么工作。简历切忌给用人单位一个误解：你是万金油，什么都会，什么都不精。二忌雷同无特色。大学生制作简历，要根据不同的职位、不同的单位，有不同的侧重，从而制作出特色简历。比如，你想应聘技术性职位，用人单位看简历便会注重你的专业成绩；如果你应聘管理型职位，用人单位就会注重你在校是否当过学生干部，有无组织能力和协作能力等。三忌忘写或写错联系方式。忘记或写错自己的联系方式，等于白白浪费掉面试机会。

第三节　面试礼仪

一、礼仪在求职面试中的重要性

心理学家奥里·欧文斯说："大多数人录用的是他们喜欢的人，而不是最能干的人。"那么，如何取得用人单位的喜欢从而成功求得职位？光靠专业的知识和求职的热情是不够的，良好的个人形象和素养也是加分的砝码。因此，礼仪在求职面试中的作用不容小觑。求职礼仪是求职者在与招聘单位接触时应具备的礼貌行为和仪表形态规范，以及在求职过程中所表现出来的礼节和仪态。要想在求职面试中把礼仪行为做到位，首先需要明确礼仪在求职面试中的作用。

1.展现良好的个人素质，树立职业形象

在求职过程中，不仅要让企业看到自身具备的专业知识和能力，同时也要展现求职者的气质与风度，两者兼备，才能呈现出一个充满自信、胸有成竹、处变不惊的个人形象，从而给面试官留下好的印象。不仅如此，良好的礼仪修养也是个人高素质的体现，虽然有的礼仪形式看似简单，只不过是一个微笑、一声道谢，或者举手之劳，但这不起眼的表现，却可能成为我们立身处世的法宝。

2.抓住就业机会，获得理想职位

机会总是留给有准备的人，当机会来临时，有的人把握住了，有的人却失之交臂。求职也是如此。要想在竞争激烈的就业市场中抓住机会，获得理想的职位，就要在求职之前做好一切准备，礼仪便是其中之一。在求职面试的过程中，在同等学历的条件下，高雅的气质、彬彬有礼的谈吐，往往都会成为加分项，让你在众多求职者中脱颖而出，谋得理想职位。

3.便于企业识别人才，促使面试顺利进行

求职面试是企业和求职者之间双向选择的过程，求职者需要获得职位，而企业同样需要人才。一般而言，企业在人才的识别上，一般会看重应聘者的文凭学历、工作经历与经验背景的优势，但随着社会的发展，求职者现实的表现及其个性特征、气质素养等方面也逐渐成为企业考量的因素。因此，良好的求职面试礼仪，更容易让企业发现求职者的闪光点，从而确保企业和求职者双方共同实现需求，促使面试顺利进行。

二、精心准备，潇洒应试

面试是一种经过组织者精心策划的招聘活动。在特定的场景下，面试是面试官通过与求职者的正式交谈来考察其工作能力和综合素质，并初步判断应聘者是否可以融入自己的团队，从而为录用决策提供依据的过程。对求职者而言，面试过程中自己的一言一行、一举一动所表现出来的涵养会直接影响面试官的判断，进而影响面试的分数。因此，好的修养、得体的礼节往往可以成为求职者在面试中加分的砝码，让其在激烈的求职竞争中脱颖而出。

1.面试前的准备

职场求职礼仪包括面试前礼仪、面试中礼仪、面试后礼仪三个方面。其中面试前礼仪尤为重要，面试中和面试后礼仪都是面试前礼仪的延续。而面试前礼仪恰恰最容易被应聘者忽略，其实面试前礼仪就是为面试做出的各种准备。

第一，信息准备。面试前应该对招聘单位做充分的了解，这样可以使自己做到心中有数，从而有备而来；对招聘单位的了解也体现出我们对自己择业的尊重，也反映出我们对进入单位工作的诚恳态度，可以帮助我们给面试的主考官留下良好的第一印象。我们可以通过用人单位官方网站和学校提供的用人单位信息进行详细的了解，比如单位的业务、文化、未来的发展等。我们还要掌握要应聘的职位，这些职位对求职者提出哪些具体要求，我们要有针对性地进行选择和准备。所以，信息的准备对求职者来说非常必要。

第二，材料准备。众所周知，大部分用人单位是通过求职者的书面材料来判断和评价他们的学习成绩、工作潜力等。所以，对求职者来说，材料准备十分重要。材料准备具体包括：个人简历、求职信、证书。其中个人简介尤为重要，它是针对应聘的职位，将求职者的相关经验、业绩、能力、性格等简要地列举出来，以达到推荐自己的目的。因此，个人简介设计精美、个性突出，可以给面试官留下深刻印象，从而在众多的简历中脱颖而出。个人简历可以手写也可以打印，视求职者的具体情况而定。

第三，形象准备。对求职者来说，得体大方的形象肯定会给面试官留下良好的第一印象。求职者的着装一般以西装、套裙为宜，这是最通用、最稳妥的着装，会使求职者看起来优雅和自信，会给面试官留下良好的印象。当然，适度的化妆也必不可少，适度的修饰可以起到扬长避短的作用，提升求求职者的自信。

其实，只要我们在面试前做好充分的各种准备，我们的心理素质自然会好一些，也会更加自信一些。求职者只有做好求职前的心理准备，排除心理干扰，才能从容地面对应聘。

2. 面试中的礼仪规范

（1）遵时守信

求职者一定要有时间观念，千万不要迟到或毁约。迟到或毁约都是不尊重主考官的一种表现，也是一种不礼貌的行为。准时赴约是一种守信，也是一种礼貌。迟到是面试的一大忌。等待会使人产生焦急烦躁的情绪，使面试的气氛不够融洽。国外专家统计，求职面试迟到者获得录用的概率只相当于不迟到者的一半。面试以提前十分钟左右到达场地为宜，不要急于入室，可在外面略做准备。如果迟到，要争取机会，主动道歉并简单解释迟到原因。遇有恶劣天气，更要准时到达。有人认为，天气越坏越是面谈的好时机，因为一可减少竞争者，二可体现求职者的诚意及守信可靠的品质，给对方以好感。

（2）放松心情

许多求职者一到面试点就会产生一种恐惧心理，害怕自己思维紊乱，词不达意，出现差错，以致痛失良机，于是往往会因为紧张而出现心跳加快、面红耳赤等情况。此时，应控制自己的呼吸节奏，努力调节，尽量达到最佳状态后再面对招聘考官。

（3）以礼相待

礼貌是一个人的思想道德水平、文化修养、交际能力的外在表现，也是人际交往的前提条件。它包含着对他人的尊重宽容、谦逊和善，是一个人品质修养的良好体现，也是一封可以通往四面八方的推荐信。在人与人交往的过程中，一个谦逊礼貌的人总会给人留下良好的印象，反之一个举止粗鲁、桀骜不驯、目中无人的人会令人不舒服甚至厌弃。因此，在面试过程中首先要遵循的便是礼貌原则，知礼、懂礼、守礼对应聘者而言会成为成功面试的有利条件，礼貌的言行举止不仅给面试官留下好的第一印象，同时也能为后续的面试和录取增色加分。

（4）入室敲门

求职者进入面试室的时候，应先敲门，即使面试房间是虚掩的，也应先敲门，千万别冒冒失失地推门就进，给人以鲁莽、无礼的感觉。敲门时要注意敲门声的大小和敲门的速度。正确的方法是用右手的手指关节轻轻地敲三下，问一声"我可以进来吗"，待听到允许后再轻轻地推门进去。

（5）微笑示人

求职者在踏入面试室的时候，应面露微笑，如果有多位考官，应面带微笑地环视一下，以眼神向所有人致意。一般而言，陌生人在相互认识时，彼此会首先留意对方的面部，然后才是身体的其他部分。面带真诚、自然、由衷的微笑，可以展示一个人的风度、风采，有利于求职者塑造自己的形象，给人留下美好的印象。求职者与主考官相识之后，便要稍微收敛笑容，集中精神，平静的面容有助于求职者面试成功。面试中坚持微笑原则，适度、得体地把握每个机会，展现自信且自然的笑脸，将为成功的面试加码。

（6）莫先伸手

求职者进入面试室，行握手之礼，应是主考官先伸手，然后求职者单手相应，右手热情相握。若求职者拒绝或忽视了主考官的握手，则是失礼。若非主考官主动先伸手，求职者切勿贸然伸手与主考官握手。

（7）请才入座

求职者不要自己坐下，要等主考官请你就座时再入座。主考官叫你入座，求职者应该表示感谢，并坐在主考官指定的椅子上。如果椅子不舒适或正好面对阳光，求职者不得不眯着眼，那么最好提出来。

（8）递物大方

求职者求职时必须带上个人简历、证件、介绍信或推荐信，面试时一定要保证不用翻找就能迅速取出所有资料。送上这些资料时，要把资料的文字正面对着考官，双手奉上，说："这是我的相关材料，请您过目。"表现要大方、得体和谦和。

3. 面试应答礼仪规范

（1）礼貌得体，从容自然

如果门关着，应先敲门，得到允许后再进去。开关门动作要轻，以从容、自然为好。见面时要向招聘者主动打招呼问好致意，称呼应当得体。在面试官没有请你坐下时，切勿急于落座。面试官请你坐下时，应道声"谢谢"。坐下后保持良好体态，切忌大大咧咧、左顾右盼、满不在乎，以免引起反感。离去时应询问"还有什么要问的吗"，得到允许后应微笑起立，道谢并说"再见"。

（2）三思后答，有的放矢

面试中，如果对面试官提出的问题一时摸不到边际，以致不知从何答起或难以理解对方问题的含义时，可将问题复述一遍，并先谈自己对这一问题的理解，请教对方以确认内容。对不太明确的问题，一定要搞清楚，这样才会有的放矢，不致答非所问。面试官提问总是想了解一些应试者的具体情况，切不可简单地仅以"是"和"否"作答。应针对所提问题的不同，有的需要解释原因，有的需要说明程度。

（3）实事求是，态度诚恳

面试遇到自己不知、不懂、不会的问题时，回避闪烁、默不作声、牵强附会、不懂装懂的做法均不足取，诚恳坦率地承认自己的不足之处，反倒会赢得主试者的信任和好感。

（4）表达清晰，机智幽默

说话时除了表达清晰以外，适当的时候可以插进幽默的语言，使谈话增加轻松愉快的气氛，也会展示自己的优越气质和从容风度，尤其是遇到难以回答的问题时，机智幽默的语言会显示自己的聪明智慧，有助于化险为夷，并给人以良好的印象。

（5）认真倾听，积极回应

对方给你介绍情况时，要认真聆听。为了表示你已听懂并感兴趣，可以在适当的时候点头或提问、答话。回答主试者的问题，口齿要清晰，声音要适度，答话要简练、完整。一般情况下不要打断面试官的问话或抢问抢答，否则会给人以急躁、鲁莽、不礼貌的印象。求职面试不同于演讲，而是更接近于一般的交谈。交谈中，应随时注意听者的反应。比如，听者心不在焉，可能表示他对自己这段话没有兴趣，你得设法转移话题；侧耳倾听，可能说明由于自己音量过小对方难于听清；皱眉、摆头可能表示自己言语有不当之处。根据对方的这些反应，要适时地调整自己的语言、语调、语气、音量、修辞，包括陈述内容，这样才能取得良好的面试效果。

如果面试官有两位以上时，回答谁的问题，目光就应注视谁，并应适时地环顾其他面试官以表示对他们的尊重。谈话时，眼睛要适时地注意对方，不要东张西望，显得漫不经心，也不要眼皮低望，显得缺乏自信。激动地与面试官争辩某个问题也是不明智的举动，冷静地保持不卑不亢的风度是有益的。有的面试官专门提一些无理的问题试探你的反应，如果处理不好，容易乱了方寸，面试的效果自然不会理想。

（6）肢体语言，合理运用

手势是表情达意的有效方式。说话时做些手势，加大对某个问题的形容和力度，是很自然的，可手势太多也会分散人的注意力，需要适度配合表达。交谈很投机时，可适当地配合一些手势讲解，但不要频繁耸肩，手舞足蹈。有些求职者由于紧张，双手不知道该放哪儿，而有些人过于兴奋，在侃侃而谈时舞动双手，这些都不可取。不要有太多小动作，这是不成熟的表现，更切忌抓耳挠腮、用手捂嘴说话，这样显得紧张，不专心交谈。

体姿可以传情。坐姿也有讲究，"站如松，坐如钟"，面试时也应该如此，良好的坐姿是给面试官留下好印象的关键要素之一。坐椅子时最好坐满三分之二，上身挺直，这样显得精神抖擞；保持轻松自如的姿势，身体要略向前倾。不要弓着腰，也不要把腰挺得很直，这样反倒会给人留下死板的印象，应该很自然地将腰伸直，并拢双膝，把手自然地放在上面。

4.应答示例

求职者如何针对对方可能问及的敏感问题做出恰当而有力的回答，还可参阅有关图书资料，以获得启迪和帮助。日本就职对策研究会每年均向社会推出一套有关求职的指导书，其中包括面谈试题问答范例，下面从其中选出几例试题，结合我国国情做了适当的修改补充，供求职者参考。

（1）本公司目前属于"不景气"的行业，你为何要选择本公司？

答：经营环境的严酷，无论对哪个企业都是一样的。在竞争激烈的今天，贵公司不是被动地等待经营环境的好转，而是努力开拓新的领域，争取尽快走出困境。再加上领导者和工程技术人员的良好素质和管理水平，这一切对我来说很具吸引力，我是冲着公司未来的前景选择贵公司的。

这是一种试探性的提问，意在了解求职者的意志和真正动机。通过此问，面试者也是在观察求职者的临场反应，而其公司的实际状况未必像面试者所说的那样。因此在应答时不必介意，只需以热情的语言表达自己对该公司抱有的信心即可。

（2）你为何选择本公司这样的中小企业？

答：我以为，如果到一个大企业去工作，不过只能像一个齿轮那样，按照已规定好的位置和速度运转，而在中小型企业中则能够更大程度地发挥自己的作用。

从提问可见，主试者虽然对自己的企业抱有一定的信心，但终因企业难于和大企业抗争，在心理上有一种不平衡，因此，一方面欲通过求职者对这一问题的应答观察其反应；另一方面，可能希望从应答中寻求一点心理安慰。一般来说，这类问题往往出于规模小但经营业绩卓著的企业。应答时，应主要强调在中小企业工作的意义和有利点，同时也要避免对去大企业的求职者的伤害。

（3）如果公司安排你到一个与你期望有所不同的岗位上，你将怎么办？

答：我感到非常遗憾。不过我还是愿意服从分配。我是基于对贵公司的业务内容和工作作风有充分的了解，才报名来贵公司工作的，所以无论在哪个部门都会努力工作。当然，也许在工作一段时间之后仍有机会到我期望的部门去工作，那时我将很高兴。

每个企业都有自己的用人政策，其工作安排未必与求职者本人的愿望完全一致，另外，客观上也有一个适应性的问题。如果企业对求职者的配置与本人期望出现差距时，应强调：无论从事什么工作，都会努力去干。在此之后，可婉转地将个人的意愿再表达一次。

（4）如果将你安排在本公司的驻外地办事处，你将如何对待？

答：我有这种思想准备。先在驻外地办事处锻炼一下，提升自己的实力，将来在公司本部才能发挥作用，这也不失为一件大好事。

一般大企业在全国各地都设有办事处，许多企业常采用这样的政策，先将新职员"下放"到外地锻炼，待其成为中坚骨干后，再调回本部或另作安排。对于拒绝到外地工作的求职者，企业一般不会录用。即使企业并无此安排，但若应试者拒绝，企业也不予录用。故若对此做出否定回答，就应做好面试失败的准备。

（5）你对本公司的工资待遇有何想法？

答：在我所了解的范围内，贵公司的工资水平在行业中是中上水平，对一个新入列的职员而言，公司给予的工资、奖金已经不少了。另外，我不是只为要取得高工资才要求到贵公司工作的，所以在这方面没有更多的想法和要求。

此问题的意图在于了解求职者观察问题的角度及思想境界的高低。一心追逐待遇的人，往往为企业所不齿。对于待遇的高低，可以按照行业实际平均水平来回答，不必奉迎。若确属偏低，也可回答：虽然比其他企业低些，但我还是可以接受的，只要努力工作，就可以获得其他方面的附加收入。

（6）如果本公司与另外一家公司同时录用你，你将如何选择？

答：当然还是希望到贵公司工作。我对贵公司已向往很久，若能给我一个机会，我是绝不会放弃的。

在未确定最后的归属时，回答这个问题是比较困难的，这时不能有丝毫的犹豫，还是应该强调自己希望进入现在应考的这家公司工作，并且要充满热情和希望。

当然，上述这些问题，只是面试中可能遇到的种种问题中很少的一部分。我们可以从中借鉴别人回答问题的方法和技巧，受到一些启迪，从而答出自己的风格和独到之处。

5. 面试后的礼仪

经历了紧张的面试之后，当面试官对求职者说"面试到此结束"或者"可以退出"，是不是就意味着面试结束，求职者可以放松心情、万事大吉了呢？答案当然是否定的。面试结束后，作为求职者，仍然有一些需要注意的礼仪问题和细节，把相关的事情做好，不仅可以为求职面试画上圆满的句号，有时甚至还会改变面试的结果。

（1）注意细节，礼貌道别

当面试官宣布面试结束后，作为求职者这时不可立即起身走人，因为这是非常无礼的行为，即使之前面试过程表现不错，但匆忙离开会暴露出礼貌方面的欠缺，面试官可能会放弃你。因此，当面试官宣布面试结束时，注意以下一些细节，将彰显出你的个人修养：①微笑起身致谢并道别。②不要立即向面试官打探自己的面试表现。一般情况下，每次面试结束后，招聘主管人员都要进行讨论和投票，送人事部汇总后才能决定录用人选，过早询问会让面试官陷入尴尬，弄巧成拙。③迅速整理座位。包括带走面试桌面使用过的纸张、水杯等；如果纸笔未使用，可以整理放在桌面；离开座位后把椅子归位。④退出面试室，轻声把门带上。

（2）询问结果，表示感谢

面试结束后，求职者往往会被通知等待结果，等待的过程往往也是招聘人员做决定的过程。而有的面试官与求职者只在面试中见过一面，加深留给招聘人员的印象，增加求职成功的可能性，一封必要的感谢信便是法宝。面试后的两三天内，求职者最好给招聘人员写封信表示感谢。当然，感谢信可以用电子邮件等形式，内容一定要简洁，表明你是谁，感谢对方给你面试的机会，重申自己希望获得职位并为企业发展做贡献的决心便可。即使面试结束后，对方表示不予录用，也应该用各种方式表示感谢。电话感谢、网络感谢、简单但热情的纸质感谢信，都会使你的谋职善始善终，增强招聘人员对你的好感，甚至可能会改变对方最初的决定。

面试结束之后的两星期左右，如果还没有得到任何回音，就给负责招聘的人打个电话，询问一下面试结果。如果知道自己没被录用，就应请教一下原因，此时你的情绪要非常稳定，同时，冷静地、仍然热情地请教一下未被录用的原因，可以说"对不起，我想请教一下我没有被录用的原因，我好再努力"。谦虚有可能赢得对方的同情，同时给你下一次的面试机会。需要说明的是，打电话询问面试结果，最多打三次电话询问也就可以了。因为即使再研究，经过前后三次电话询问的周期，再复杂的研究程序也早该最后确定了，而且三次电话询问，也会让企业对你有足够的印象了，如果想聘用你就会直接告诉你或及时和你联系。再多的电话，反而会适得其反，甚至会给人以"骚扰""无聊"的感觉。

（3）调整心态，迎接挑战

古语说："胜不骄，败不馁。"如果把面试看成一场竞技，必然会产生胜负。如果应聘面试能幸运获胜，获得职位，不要过于得意，进入新的岗位，从头开始做好准备，迎接新挑战。虽然成功在望，但还有几个问题需要解决：首先，思考聘你的公司是第几选择。确实，掌握机会是一个极重要的原则，不能顾虑太多。其次，如果录取的条件和面试时不一样，就要考虑你所追求的究竟是名分上的不同，还是实质上的差异，或是兴趣上的坚持？最后，在正式报到之前，先对所要服务的公司有所了解，这样在开展工作的时候就会顺畅很多。这会使你对公司的整体情况和运营有所掌握，会对你的新工作、新环境带来很大帮助。倘若你是一名很优秀的毕业生，在人才市场上，你四方求职，八方应聘，结果收到好几家用人单位的录用通知。经筛选后，你应及时用电话或信函告知被你拒绝的单位，表达你的谢意，说明你已接受了另一家单位的录用，但不必解释你拒绝的理由，也不必告知应聘单位的名字。在致谢时，别忘了说话语气要亲和，不要盛气凌人，要给人留下谦虚有礼、深刻难忘的印象。

当然如果面试失败，也不要立刻否定自己，毕竟面试落选也是很正常的现象，有时并不是自己不行，而只是可能不合适，总结经验，吃一堑，长一智，查找自己的不足与差距，修正面试过程中出现的一些错误和失误，为下一次的求职面试打基础、长经验、做准备。

有时，面试官不按常规出牌，而是根据求职者的一些意外表现决定是否录用。某电台报道过这样一件事，某外资公司欲招聘高级职员，应聘者众。大家如约提前来到宽敞的接待室，主考人尚未到位，于是应聘者下意识地三五成群嬉笑闲谈。这时只见其中一名大学生独自走向屋角，将风吹散落在地上的两张报纸捡起，连同桌上的报纸整整齐齐地折好，放在办公桌上。他的举动极为自然随意，就像在自己家里捡自己的物品。这一随意的举动恰好被前来主考的公司总经理看在眼里，他查对一下求职材料之后，便当场宣布：公司决定免试录用这位整理报纸的大学生。这位老总之所以选中了这个大学生，就在于他见微知著。当别人在等待面试前表现出一种心浮气躁、漫不经心时，这位大学生却自然表现出沉着细心、稳重与礼貌。对一个人而言，于细微处见精神，大业的成功往往来自无数小事的积累。今天，许多用人单位更青睐于毕业生的内在魅力、强烈的责任心和诚实可信的品格。

有这样一个真实的故事：某公司对求职者进行最后的复试，有位大学生凭着良好的资历和优秀的学业成绩，荣幸地成为该公司几名复试人员中的一员。万万没想到公司的主持人却故意当着众人的面说："你救了我的女儿，是我们家的救命恩人，对你的录用我们会优先考虑的。"这位大学生听后，愣了一下，接着便语气坚决地否定："先生，您弄错了吧，我未曾救过任何人。"主持人听了他的回答，满意且微笑着对他说："年轻人，你说得对，是我弄错了。我很欣赏你的诚实。我决定，不是优先，而是你的复试已经通过了。"复试如此别开生面，独出心裁，实在出人意料。可贵的是这位参加复试的大学生没有侥幸地乘机贪功，也没有虚伪钻营，而是以事实为根据，始终流露出一个真实的自我，流露出那种诚实的自然表现，因此他通过了复试。如果当时他认可了"救人"的事，其结果可想而知。这不得不令人深思和借鉴。

【相关链接1】

唯一进门时敲门的人

前几年在天津某公司，有一个普通大学毕业的学生去应聘，顺利通过了笔试。按理说通过笔试应该很高兴，他说他却高兴不起来，因为有37个人通过了笔试进入面试，而面试之后只要一个。他说他不是名牌大学的学生，又没有双学位，也没有读过研究生，对方不可能要他，就只当是一次练兵吧。他对录用没抱任何希望。

可是，一周之后他竟意外地收到了这家公司的录用通知书。他百思不得其解，带着疑问在公司工作了半年多，对公司上下都熟悉了，有一次才鼓起勇气问公司人事部经理："为什么37人中你们只要了我？"经理说："其实也没有什么，就是你是37个人中唯一知道进门时要敲门的人。"

【相关链接2】

言行是最好的简历表

一家有名的大公司在媒体上刊登一则招聘广告，要聘一名办公室文员。招聘当天，闻讯前来应招的约有100人，他们不是夹着厚厚的简历表，就是怀抱一摞证书，甚至还有人怀揣着公司上层领导的朋友的介绍信。

然而，总经理走马观花地面对前来的应聘者，每出去一人，他总朝人力资源部部长摇摇头。就在总经理感到失望时，一个貌不惊人但衣着整洁的男孩被人力资源部部长传呼而来。男孩两手空空。

只见男孩走到总经理的办公室门前，礼貌地敲了三下门，待里面传出"进来"，他才轻轻推开门，立于门前，认真地蹭掉脚上的泥土，进门后随手关上门。未走近总经理的办公桌，男孩发现地上有本书，很自然地拾起放到办公桌上。总经理和男孩简单地交谈了几句，这时有人敲门说找总经理，门一开，一位残疾老人蹒跚而入，男孩连忙起身搀扶老人，且让座于他。男孩所做的一切毫无造作，呈现在别人面前的是善良、体贴。

当男孩走出办公室，人力资源部部长进来准备请示总经理再传呼下一人时，总经理微笑着冲他点点头说："就是刚刚的男孩被我选中了！"人力资源部部长疑惑地问道："刚刚那男孩？他既没有一本证书，也没有受任何人的推荐，甚至连最基本的简历表都没有。"

"你错了，"总经理对人力资源部部长说，"其实他带来了内容丰富的简历表，而且是这些人中最优秀的简历表！"人力资源部部长疑惑了，莫非男孩是他的亲属或有特铁的关系？总经理继续微笑着说："男孩的言行是他最优秀的简历表，他轻敲三声门，说明他懂礼节，做事小心仔细；他在门口蹭掉鞋上带的泥土，说明他注重细节；当看到那位我有意安排的残疾老人进门时，他立即上前搀扶且让座，表明他善良、体贴、热情。其他所有的人都从我故意放在地板上的那本书上迈过去，而男孩俯身捡起那本书，并放回桌上，他的动作是那么自然、镇定。他和我近距离交流，他的回答干脆果断，他的头发梳得整整齐齐、指甲修得干干净净……难道你不认为这些细节是男孩最优秀的简历表吗？我认为他的言行就是他最好的简历表！"人力资源部部长心悦诚服地笑了起来。

当我们一次次遭遇人生的应聘失败时，与其抱怨带去的学历证书不够高，获奖证书不够多，或找的关系不够硬，甚至暗骂招聘人太苛刻无人情时，不如静下心来，沉思一下，自己是否向招聘人亮出了最优秀的简历表——你的修养、情操、人品、言行……

课后作业

1.如何做一名合格的实习生？

2.在求职面试前，我们应该做好哪些准备？

3.以小组为单位，结合所学知识，进行模拟面试。

第八章　职场礼仪

🌸学习目标🌸

1.了解基本的职场礼仪，为今后进入职场做准备；

2.了解会议谈判的一般常识，争取成为自己的长项。

职场礼仪不仅可以有效地展现一个人的教养、风度、气质和魅力，还能体现一个人对社会的认知水平，个人的学识、修养和价值。按照礼仪规范来约束自己，通过职场礼仪中的细节，会得到领导更多的信任，使人际感情得以沟通，与同事间建立起相互尊重、相互信任、友好合作的关系，从而使自己的事业进一步发展，在职场中如鱼得水。职场礼仪是提高个人素质和单位形象的必要条件，是人立身处世的根本，是人际关系的润滑剂。

第一节　初入职场

当你求职成功，开始走上工作岗位时，你的角色已经完全转换了，由原来的学生变成了职场工作人员。初入职场，如何尽快适应环境，进入良好的工作状态，对自己今后的成长进步十分重要。对此，应当遵守工作场所应当遵循的礼仪规范。

初入职场，进入一个新的环境，掌握一些必要的礼仪，既能充分表现你的修养，帮助你在职场建立良好的人际关系，也能避免因某些细小的失礼行为给自己带来困扰，给工作带来不便。

一、仪容仪表得体

衣着往往决定了别人对你的第一印象，所以得体的衣着特别重要。初入职场的女性在衣着方面不要过于前卫或过于保守，过于前卫是把年轻人之间流行的"豆豆鞋""多功能工装裤""带卡通T恤"等和吊带衫、露背装、紧身裤这类过于暴露性感的衣服穿进办公室，显示你的前卫和吸引力，这样会遭到男同事的猜测和不恭的玩笑，更容易引起女同事的排斥和不满；过于保守又会显得太古板，太老气。所以，要选择合时宜的职业装。

男性则不可穿着背心、短裤、拖鞋走进工作场所。当然，着装也不要过于正统。看到电视剧中公司职员都穿深色套装，也效仿着买一套，这样并不能说明你就穿对了衣服。要留意公司的氛围，着装应该既适合自己的身材和工作性质，又符合公司的整体着装风格。如果大家都穿套装，你也必须穿套装。如果其他人随便，你也要自然随意一些，不要太"另类"。所以要经常留意身边大多数同事的着装，穿出正确的着装风格，从而帮助你尽快地融入工作团队。

其次，修饰自己的仪容，干净整洁是起码的要求。女性要化淡妆，如果你的工作不是走T台或在聚光灯下，就没有必要浓妆艳抹，发型要简单大方，刘海以不遮住眉眼为宜。男性则要把胡须剃干净，不留长发。

二、从小事中学习

初入职场，很多大学毕业生在心态方面有些眼高手低，很多公司、企业往往这样评价刚毕业的大学生："大事干不了，小事不愿干。"由于经验和阅历的不足，很多新人都是从"打杂"开始的，不要忽视打字、复印文件、整理文档这样的小事。你的上司和同事通过你对待这些小事的态度，能看出你的学习和工作态度，以及你工作的能力和方法等。所以初入职场，一定要多观察，勤动手，少发牢骚，从细小的地方开始学起，抱着"一屋不扫，何以扫天下"的心态来积极地做好每一件"小"事。

三、做个执行职员

拿破仑曾经说过："行动和速度是一个人成功制胜的关键。"初入职场，应该尽最大努力把一切落实到行动上去，少说多做，养成一种立即行动的习惯，做一个有执行力的人。很多成功人士之所以能取得巨大成就，不是事先规划出来的，而是在行动中一步一步经过不断调整和实践做出来的。同样，只有具备了较强的执行力，职场新人才能尽快进入角色，在职场上立于不败之地。

四、脚踏实地工作

对新入职场的人来说，最重要的不是一个月拿多少薪水，而是在工作中能获得多少经验。所以，不要太在意自己的得失，不要太计较自己的待遇，要踏踏实实做人，勤勤恳恳做事，你做出的成绩，别人一定能看到，积累到一定时候，你也一定会得到相应的回报，即所谓"水到渠成"。

五、待人真诚有礼

来客接待、接打电话、同事交往应态度和蔼，用语文明，真诚热情，有礼有节。"请"字不离口，"谢"字随身走。常用文明用语有"请""您""您好""对不起""打扰了""谢谢""再见"等。常用文明服务用语有："您好！请问您找谁？""您好，请问您要办理什么业务？""您好，请稍等。""对不起，×××不在，需要我帮忙吗（转告吗）？""对不起，由于……原因，这件事不能办，请谅解！""对不起，让您久等了。"

第二节　人际关系礼仪

一、与同事相处礼仪

与同事相处是否融洽和谐，直接关系到自己事业的进步与发展，如何处理好与同事的关系，在职场中如鱼得水，是一门不小的学问。

1. "五要"礼仪

一要保持适度距离。心理学中有一个著名的"刺猬法则"，说为了研究刺猬在寒冷冬天的生活习性，生物学家做了一个实验，把十几只刺猬放到户外的空地上，这些刺猬被冻得浑身发抖。为了取暖，它们只好紧紧地靠在一起，而相互靠拢后，又因为忍受不了彼此身上的长刺，很快又各自分开了。可天气实在太冷了，它们又靠在一起取暖。然而，靠在一起时的刺痛使它们不得不再度分开。挨得太近，身上会被刺痛；离得太远，又冻得难受。就这样反反复复地分了又聚，聚了又分，不断地在受冻与受刺之间挣扎。最后，刺猬们终于找到了一个适中距离，既可以相互取暖，又不至于被彼此刺伤。刺猬法则强调的就是人际交往中的"心理距离效应"，人与人之间的距离由双方的人际关系以及所处情境决定，即你和对方是什么关系就保持什么样的距离。与同事相处，需要懂得如何与他们保持距离，做到不近不远，不亲不疏。尤其是女性，如果和同事关系太远了，别人会认为你不合群、孤僻，不易交往，从而渐渐远离你；如果和同事关系太近了，不分彼此，亲密无间，容易被别人说闲话，而且也容易令领导误解，认定你是在搞小圈子，不利于团结。因此，与同事保持适当的距离是非常重要的。

二要尊重同事。无论同事年龄大小、出身高低贵贱、家庭背景如何，都要一视同仁，平等相待，不可以"貌"取人，厚此薄彼。

三要物质往来清楚。借了钱物，一定要记得及时归还。俗话说"有借有还，再借不难"，即使是小的款项，也应记在备忘录上，提醒自己及时归还，以免遗忘。同事借钱、借物，适当地打借条也并不过分。如果所借钱物不能及时归还，应每隔一段时间向对方说明一下情况。在金钱、物质方面无论是有意还是无意地占他人便宜，都会在对方的心理上引起不快，从而降低自己在对方心目中的评价。

四要关心同事。人都有遇到困难、遇到挫折而无助的时候，在同事困难时你给予对方恰当的关心问候，伸出你的援助之手，会令同事倍感温暖。有时一句温暖寒暄或关怀问候，也会令人受用不尽，并赢得同事的接纳与好感。

五要勇于认错道歉。与同事相处，共同做事，出现错误在所难免，一旦工作中出现错误，不要一味地查找客观原因，推卸责任，而要学会主动承担责任，勇于承认错误，这样才能在职场中赢得信任与尊重。

2. "五不要"礼仪

不要唯我独尊。大家同在一个办公室，可每天打扫卫生、整理内务之类的小事你从不主动去做，或者不屑去做，而是坐等别人的劳动成果，或总是指使别人去做这做那，别人嘴上不说，心里可都有数，天长日久，同事认为你太自私，只为自己考虑，没人愿意和你多来往。办公室的事，也就是自己的事，要主动承担。

不要牢骚不断。一边做事，一边发牢骚，工作虽然完成了，却无法获得同事的好感。人们普遍认为，爱抱怨、爱发牢骚的人难以相处，同事不喜欢你也很正常。开心要做，牢骚满腹也要去做，既然要工作，为什么不高高兴兴毫无怨言地去做呢？

不要总让同事请客。工作之余，同事会常常聚餐，不要每次都是别人买单，自己却一毛不拔。避免矛盾的最好办法是"AA制"。男士请女士吃饭、喝咖啡等，是很有风度的表现，但必须是男士主动提出的，而不是女性要求的。有些女性不懂得这个道理，她们不是以女性的魅力来唤起男士的主动、大方和潇洒，而是直接向男士提出要求，让男士左右为难。

不要趾高气扬。作为秘书，和老板接触的机会自然多一些，也有一些人，家庭社会背景较好，经济条件优越，于是就陶醉在这种角色中，得意洋洋，仗着和老板关系近，可以传达指令，就对其他人发号施令，颐指气使；仗着自己从小"娇生惯养"，或毕业于名牌大学，就目中无人，蛮横无理，这样只会坏了自己在同事中的声誉和威信，也会使自己的工作难以开展。

不要打听、传播个人隐私。在工作场所，有的人常常喜欢两三个人扎堆在一起，打听别人隐私，津津乐道，讲得眉飞色舞，把自己的快乐建立在别人的隐私痛苦之上，这是职场上很"八卦"的形象。

二、与上司交往礼仪

职场中，下属与领导相处的好坏直接影响着一个人在事业上的发展前途，如何与领导相处也成了一门不小的学问。其实，与领导相处也是一门艺术，只要掌握了一些原则，运用一定的礼仪规范，就可以与领导相处得融洽自如。

1. 与上司交往遵循的原则

（1）调整好心态

和领导相处心态要放好，要尊重但不要畏惧领导。有些人平时说话很自信，但是一到领导面前顿感自卑，说话紧张，行为拘谨。这就是自己把领导看得太重，从而造成了心理负担。不管与谁相处都要做到不卑不亢，大方自然。虽然你是刚刚毕业踏上工作岗位，没什么社会经验，但在人格上是平等的。只要抱着学习的心态向领导请教、学习，就会轻松很多。

（2）维护领导形象

无论在什么场合，对内还是对外，都要尽力维护领导的形象。不议论领导，不当面顶撞领导，对领导的失误要理解包容。当领导有错误而不明显，不妨"装聋作哑"，如果错误很严重必须纠正，则要寻找合适的时机，以恰当的方式向领导指出。

（3）主动向领导汇报

有些人认为做好自己的工作就行了，没必要多和领导沟通，事事汇报。其实不然，经常与领导沟通、汇报工作，既可以让领导知道你的工作进度与安排，又可以及时解决工作中出现的问题，避免失误。

（4）不替领导做决定

不要擅自替领导做决定，但可以引导领导说出你的决定。比如，当你向领导汇报一项工作时，不妨这么说："李处长，您好！这件事情呢，经过我的调查和了解，我觉得有三种方式可以解决，这三种方式分别是……这三套方案各有利弊，由于我资历尚浅，也缺乏工作经验，请您做决定。"这样，无论领导选择哪种方案，其实都是你已认可的。即使领导都不赞成，至少也会让领导感觉你认真思考了。

（5）不和领导开"黑色"玩笑

开玩笑是为了活跃气氛，拉近距离。然而一些带有人身攻击的"黑色"玩笑却让人烦不胜烦。与领导相处时尽量少开玩笑，否则会弄巧成拙，适得其反。公司来了个客户找领导签字，领导签完字后，客户连连称赞领导的字漂亮，说："您的签名可真气派！"你正好走进办公室，听到称赞后，一阵坏笑："能不气派吗？我们领导可暗地里练了三个月呢！"可想而知，领导和客户的表情有多尴尬。

2. 与上司的沟通礼仪

和自己的上司打交道，是你日常工作的重点，沟通的效果既会体现你的沟通能力，又能影响你的发展前途，因此如何与上级沟通要高度重视。

（1）遇事主动请示汇报

工作中，我们经常需要向上级请示工作，因为我们需要及时明确自己的工作方向与内容。工作项目进行的过程当中或者完成工作后，我们需要及时汇报工作，因为上级也需要对我们的工作进度进行跟踪、了解、分析，这样才能更好地进行下一步的工作布置和安排。那么，我们该如何向上司做好请示汇报呢？

首先，汇报要及时。领导最不愿意看到安排一项工作之后，就再也没有回应了。口头汇报时要坚持结果先行的原则，以提高沟通效率，也给上司留下思路清晰的印象；书面汇报标题要清晰，行文要求思路清晰、简单明了、逻辑严密。

其次，方式要恰当。汇报时切忌自顾自说，要关注上司反应与需求，及时调整汇报方式，汇报形式不必拘于口头汇报，也可以邮件等形式反馈。

第三，注意礼貌礼节。除非直属领导指示，否则不得越级汇报。汇报时要遵守时间，注意仪表姿态，做到文雅大方、彬彬有礼、语言精练、口齿清楚、音量适当；汇报结束后应等到上司示意后才可告辞；告辞时要整理好自己的物品及用过的茶具、座椅；上级送别时，要主动说"谢谢"或"请留步"。

（2）意见不同尽力说服

上司不是上帝，也有决策失误的时候，此时作为下属一定要据理力争。不过，方法很重要，说服上司有五大关键。

把握说服时机。正所谓"时机不对，努力白费"。通常推荐上午10时左右，此时领导可能刚刚处理完清晨的业务，有一种如释重负的感觉，同时正在进行本日的工作安排，你适时地以委婉的方式提出你的意见，会比较容易引起领导的思考和重视。还有一个较好的时间段是在午休结束后的半个小时里，此时领导经过短暂的休息，可能会有更好的体力和精力，比较容易听取别人的建议。记住一点，当领导心情不太好时，无论多么好的建议，都难以细心静听，要选择领导时间充分、心情舒畅的时候提出你的建议。

用数据说服。在说服上司时，对改进工作的建议，如果只凭嘴讲，是没有太大说服力的。所以，这就需要我们事先收集整理好有关数据，做成书面材料，借助视觉力量，就会极大增强说服力。

巧答质疑。我们在说服上司时，上司对你的方案提出疑问，如果你事先毫无准备，吞吞吐吐，前言不搭后语，自相矛盾，当然不能说服上司。因此，要想迅速地回答上司的质疑，就应事先设想上司会提什么问题，自己该如何回答。

简单明了。我们在说服上司时一定要注意简单明了，要重点突出、简明扼要地回答领导最关心的问题，而不要东拉西扯，分散领导的注意力。

充满自信。在说服上司时，若是对自己的计划和建议充满信心，那么你无论面对的是谁，都会表情自然。因此，你在面对上司时，要学会用你自信的微笑去感染领导、征服领导。

（3）超出能力巧妙拒绝

当上司布置的任务超出了我们能力和职权范围或上司的安排与自己的计划完全不同时，需要掌握拒绝上司而让上司没有不愉快感觉的技巧。一般来说，可以运用"拒绝三步骤"来进行。

第一，耐心倾听。即使在上司述说过程中就已经知道必须加以拒绝，也要听上司把话说完，千万不要立刻拒绝。让上司把话说完，既显示了你对他的尊重，也可更加确切地了解上司的真正意图。如果和上司经过协商，在时间上可以协调，在能力上也具备，而且你是完成该工作唯一的适合人选时，那你就不要轻易地拒绝，否则会给上司留下没有责任心、不愿担当的印象。这样会失去在上司面前证明自己的机会，之后晋升加薪、外派学习的机会也就与你失之交臂了。

第二，婉转拒绝。对于上司交办的工作，如果确实与你现在手头工作有较大冲突，尤其是你不具备完成这项工作的能力，而且你与上司说明想法也无法协调时，拒绝在所难免。但是，拒绝上司一定要注意方式——婉转拒绝，这样才不会伤害到上司的自尊心。对于这种拒绝，要做到和颜悦色、理直气和。也就是说当你开始说不的时候，态度必须是温和而坚定的，好比同样是药丸，外面裹上糖衣的药，就比较容易让人入口。但是，态度必须坚决，即使你需要慎重考虑，也要明白地告诉上司你要考虑的具体时间，以表示自己的诚信。

第三，找到替代者。如果上司意识到你无法承担新工作，你可替上司找到合适的时间、人选和方式来做好这件事，因为拒绝毕竟是一件很难堪的事。能够有替代者、有出路、有帮助的拒绝，必能获得上司的谅解。

（4）坦然平和接受批评

第一，要学会自我检讨，不能推卸责任。理解上司的命令和意图，切莫机械行事。出现问题不要找借口，更不能说是上司让你这么做的，接受上司的批评不要插嘴，更不要辩解，要学会自我检讨，不推卸责任。

第二，要事后解释，不要当面解释。如果上司批评错了，也要事后解释，不要图一时之快，不给领导面子。

第三，要间接解释，不要直接解释。间接解释可通过第三者进行，或通过电话文字等中间媒介进行，避免面对面的尴尬。

第四，要有选择地解释，不要面面俱到地解释。无论是当面向上司解释，还是通过其他途径向上司解释，都要本着"宜粗不宜细"的原则进行。

第五，要真诚解释，不要宣泄委屈、不满和不快。

三、跨部门沟通礼仪

每一个组织都是一个有机的运作体，每一个部门都会与其他部门有交流和协作。在完成工作的过程中，会涉及跨部门的事务。要进行无障碍的跨部门沟通与合作，就要注意以下几点：

第一，沟通前先做好准备。在你跟同事讨论事情之前，先把一些基本问题想清楚，不要毫无准备就去，否则很可能得不到你想要的东西。

第二，换位思考。如果我是他，会接受这种做法吗？站在别人的角度设身处地地想问题，能将误解和沟通频率不搭的概率降到最低。

第三，开诚布公是最好的对策。工作场合，面对的都是必须长期共事的同事，凡事开诚布公地讲，不容易产生误会，明白说出你的需求和考虑，并且表达想要协作的意愿和希望共同解决问题的诚心，才能增强彼此的信任。

第四，不要害怕冲突。一些刚入职的员工怕提建议会把气氛弄僵，开会时变得沉默寡言，以维持表面的和谐，殊不知，如果团队在议题的讨论上没有冲突，那么决策的质量和执行力都会下降，所以，工作上有什么不同意见应该大胆地提出。

第五，创造共同目标一起协作。协作的关键在于拥有共同的目标，一切工作都是为了最终的目的，没有一定的公共精神，看问题就不能从大局着眼，就不能从长远出发，对事情就会做出错误的判断，影响企业的生产效率。

第六，在可能的情况下，将跨部门的协作置于较高的优先级，是对自己部门有好处的。非常明显的回报是，你今天帮其他部门的同事完成了配合工作，改天你一定能够获得同样积极的协作反馈。

第三节　办公场所礼仪

一、办公室环境礼仪

1. 保持办公环境的安静

不扎堆聊天、大声喧哗。过通道、走廊时要放轻脚步，以免影响他人正常工作。

2. 保持办公环境的整洁

禁止在办公家具和公共设施上乱写、乱画、乱贴；保持卫生间清洁；在指定区域内停放车辆。个人办公区要保持办公桌位清洁，非办公用品不外露，桌面码放整齐。当有事离开自己的办公座位时，应将座椅推回办公桌内。

3. 秉持环保理念

节约用水。饮水时，如不是接待来宾，应使用个人的水杯，减少一次性水杯的浪费。下班离开办公室前，应该关闭所用机器的电源，将台面的物品归位，锁好贵重物品和重要文件。最后离开办公区的人员应关电灯、门窗及室内总闸。

4. 办公区禁止吸烟

不在办公区吸烟，保持办公区域空气清新。

5. 不在办公区接待外来人员

不擅自带外来人员进入办公区，会谈和接待安排在洽谈区域。

6. 不要滥用公共设施

办公室的一切公共设施都是为了方便大家、提高工作效率而设的，无论是电话机、传真机、复印机，还是桌椅板凳，都要爱惜。不要用办公室的设施做私事，不要拿着办公室的电话聊天、煲电话粥，否则既影响他人工作，又会给人留下爱占小便宜的印象。

二、办公室行为礼仪

1. 不要加入任何"办公室帮派"

在办公室尽量不要议论单位同事，满意也好，不满意也好，都不要议论。更不要拉帮结派，组织"小集团"，从而影响员工团结。作为员工，你要做的是尽力把自己应该做的那份工作做好。

2. 不要过分注意自我形象

一天到晚拿着镜子照，一天到晚画眉毛，补口红，只要跟别人说话，就不停地摸头发、捏衣角，办公桌上摆满了化妆品等，不但给人轻浮、工作能力低下之感，也影响办公室形象。

3. 不要高声喧哗

办公室是公共场所，将手机的声音调低或调成振动，以免影响他人；在办公室说话或者接打电话时，要看是否会影响周围同事的工作，尽量压低说话的声音，可以一手握听筒，一手遮在嘴前，不让声音扩散，如果是私人电话，尽量减少通话时间。如果要呼唤其他办公室的同事，也尽量到其办公室去，而不要隔着几间办公室，扯开嗓门儿就喊，让全办公楼的人都听到你刺耳的声音。敲打键盘时请轻手轻脚，避免产生过大的键盘敲击声。

4. 进入领导办公室注意大方得体

门开着也请轻轻敲门，得到允许后方可进入。看到领导在打电话应该立刻退出。内容简短时请站着汇报，经领导示意后再坐下。汇报工作时请保持得体姿态，特别是女性员工在汇报工作时请不要倚靠在桌子上或者与领导过于亲密，以免造成误会。

5. 不要对同事的客人冷漠

同事的朋友或客户来了，同事不在，你应该倒茶让座，并告诉他同事的去向，大约什么时候回来，这样你的朋友来了，同事也会热情接待，同事之间才会形成和谐融洽的关系。

6.不要经常迟到

经常拿堵车或者睡过了当迟到的借口，不仅会引起同事的反感，也让领导认为你凡事爱找借口，不能担当责任。既然知道上下班高峰期会堵车，为什么不早一点出门呢？

第四节　会议谈判礼仪

会议是商务活动的有机组成部分之一，商务人员在日常工作中必不可少的一项活动就是参加会议，甚至是组织会议、领导会议。不管是组织还是参加会议，都必须遵守会议礼仪，会议礼仪对帮助会议顺利完成、执行会议精神有着极大的促进作用，忽视会议礼仪会严重损害个人和组织的形象。

一、一般会议礼仪

一般的会议主要是指行政性会议（如行政会、董事会）、业务性会议（如展览会、供货会）、群体性会议（如职代会、团代会）、社交性会议（如茶话会、联欢会）等四种。

（一）会议准备礼仪

建立会务筹备组。组织一个高效率的会务筹备组，选好一个干练、认真的筹备组负责人，是会议成功的先决条件。如果允许，筹备组的负责人最好是会议主持人。会务准备要求如表5-1所示。

表5-1　会务准备要求

序号	准备要点	具体要求
1	选择合适的会议时间	会议时间一般不应选在重大节假日，因为这些日子是与会者的休息日
2	选择恰当的会议场所	交通便利、大小适中、设施齐全、符合主题、停车方便、费用合理
3	谨慎拟定嘉宾名单	与会嘉宾身份的高低，往往决定了会议规格的高低

序号	准备要点	具体要求
4	拟发好会议通知	标题，会议名称 主题与内容，对会议宗旨的介绍 会期，明确会议的起止与休息时间 报到的时间与地点，对交通路线特别要交代清楚 会议的出席对象 会议要求 会议人数
5	准备好辅助器材	桌椅、名牌、茶水 签到簿、会议议程 黑板、白板、笔 各种视听器材 资料、样品
6	安排好会场	会场的大小，要根据会议的内容和参加者多少而定；在一些大型会议的广场或门口还应张贴"欢迎"之类的告示；如果会场不易寻找，应在附近安设路标以做指引；会标在主席台上方，一般红底白字或黑字，字要端庄大方
7	其他准备	根据会议的需要，决定会议是否需要组织参观、小型便宴等活动，并做相应的准备
8	做会议预算	会议的预算一般包括：场地租用费、会场布置费、印刷品费、文书用品费、交通费、电话费、茶点饮料费、礼品费等

（二）会议服务礼仪

1. 服务人员礼仪。服务人员礼仪要求如表5-2所示。

表5-2 服务人员礼仪要求

仪容仪表	着装整洁，不披头散发，坐站姿势要规范
语言	要讲普通话，语言文明，不得大声喧哗
态度	敬业，乐业，热情，周到
纪律	遵守职业道德，服务过程中不许携带手机等有录音录像功能的设备
服务卫生	整洁干净

2. 会议接待礼仪。会议接待礼仪要求如表5-3所示。

表5-3　会议接待礼仪要求

序号	会议进程	礼仪要求
1	会前	会前接待必须周到细致 会场布置必须提前落实 熟知会议议程以及注意事项
2	会中	会议签到 座位引导和茶水服务 预防突发事件
3	会后	服务人员应礼貌送客，做好会场清理工作 严格保密会议内容，不得询问、议论、外传 总结会议服务经验

（三）与会者礼仪

1. 尽早回复。

2. 准时到会（不能晚，也不宜过早）。

3. 注意礼节。

4. 专心听讲。

5. 遵守规定（禁止拍照、录像等）。

（四）主持礼仪

会议的主持人一般由具有一定职位的人员来担任，主要职责是介绍参会人员、控制会议议程、控制会议时间以及应对突发状况。主持人主持会议时，从走向主席台到落座等环节都要符合身份，其仪态应自然大方。

1. 主持人应衣着整洁、精神饱满、大方庄重，切忌不修边幅、邋里邋遢。

2. 走上主席台，步伐要坚定、有力，表现出胸有成竹、沉稳自信的风度，根据会议内容掌握步伐的速度和幅度。

3. 入席后，如果是站立主持，应双腿并拢，腰背挺直。持稿时，右手持稿的底中部，左手五指并拢自然下垂。双手持稿时，应与胸齐高。坐姿主持时，应身体挺直，双臂前伸。两手轻按于桌沿，主持过程中，切忌出现搔头、揉眼等不雅动作。

4. 主持人言谈应口齿清楚，思维敏捷，简明扼要。

5. 主持人应根据会议性质调节会议气氛，或庄重，或幽默，或沉稳，或活泼。主持人对会场上的熟人不能打招呼，更不能寒暄闲谈，会议开始前，或会议休息时间可点头、微笑致意。

二、专题会议礼仪

（一）发布会礼仪

新闻发布会简称发布会，有时亦称记者招待会。它是一种主动传播各类有关信息，谋求新闻界对某一社会组织或某一活动、事件进行客观而公正报道的有效沟通方式。发布会礼仪至少应当包括会议筹备、媒体邀请、现场应酬、善后事宜四个主要方面的内容。

1. 会议筹备。包括主题的确定、时空的选择、材料的准备、主持人和发言人的选定等。

2. 媒体邀请。在新闻发布会上，主办单位的交往对象以新闻界人士为主。在邀请新闻界人士时，必须有所选择，有所侧重。

3. 现场应酬。在新闻发布会进行中，往往会出现这样那样的问题，要应对这些难题，除了主办单位人员齐心协力、密切合作外，最重要的是主持人能善于应变、把握全局。

4. 善后事宜。了解新闻界的反应，整理保存会议资料，酌情采取补救措施。

（二）展览会礼仪

展览会是指某单位为了介绍业绩，展示成果，推销产品、技术或专利，而以陈列各种实物资料等供人参观了解的形式举办的宣传式聚会。

1. 展览会的组织工作。展览会的组织工作主要包括以下内容：

（1）明确展览会的主题；

（2）确定时间、地点；

（3）确定参展单位；

（4）展览内容的宣传；

（5）展览会的布展工作。

2. 展览会的礼仪要求。展览会的礼仪要求主要包括以下内容：

（1）努力维护整体形象；

（2）时刻注意待人礼貌；

（3）善于运用解说技巧。

三、常见会议组织礼仪

会议的类型很多，比较常见的有工作性会议、例会、报告会、座谈会、学术研讨会等。

（一）工作性会议

1. 通知的礼仪。工作性会议通知一般不宜使用通用格式的请柬或请帖，通知上应明确会议的目的，以便对方慎重选择会议参加者。如有必要，还应写明会议计划讨论的项目，以便于参加者在会前准备资料并深入思考会议时的发言要点。

2. 会场安排礼仪。工作性会议的会场安排必须集中，一般情况下，座位的安排宜采用"圆桌型"。因为圆桌可使与会者围绕圆桌团团而坐，讨论问题或发表见解都比较方便得体，有助于提高会议的效果。

3. 会议裁决礼仪。在公务会议进行过程中，为了达成会议预期目的，有很多项目和问题是需要与会者进行讨论的。因为每一位与会者看问题的角度不同，结果可能是多种多样的，这就需要会议主持者进行裁决。在碰到需要裁决的问题时，少数服从多数的原则固然必须遵守，但对少数人的意见也应给予尊重，即使少数人的意见不正确，但决策时如果能注意到这些意见产生的原因和存在的事实，也可以使决定考虑得更为周全。因此，会议主持人要善于尊重少数人的意见，并将其交付给全体与会人员反复推敲。

（二）例会

1. 参加例会的人员应按固定的时间准时参加会议，如有特殊情况不能亲自参加的也应委托合适的人参加。

2. 例会适用圆桌和长桌，与会者围桌而坐，集中紧凑，便于发言和倾听。

3. 例会不宜开得过长，要短小精悍，充分利用时间，尽可能不出现冷场。

（三）报告会

1. 选好报告人，最好是造诣较高、体会较深、影响力较大的人士。

2. 向报告人介绍情况。

3. 对报告人要以礼相待。

4. 提问要礼貌有序。

（四）座谈会

1. 及时通知，有备而来。通知要提前拟定，及时发送。通知上应写明会议时间、地点、会议主题和会议内容，并写明举办单位或部门的名称。

2. 气氛融洽，引导言路。座谈会在座位安排上，主持人最好和与会者围圈而坐。

3. 鼓励发言，引导讨论。为了活跃会议气氛，应鼓励大家发言，并可适度引导讨论。

（五）学术研讨会

1. 做好会议的准备工作。学术研讨会应根据确定的会议目的和研讨的课题，成立筹备组，任命组织能力强、有一定威望者担任负责人。

2. 出席会议人员的基本礼仪要素。出席会议的人员必须衣着整洁，尊敬他人。

3. 安排好主席台的座位。学术研讨会正常进行期间，大会主席台上一般只有大会主持人和报告人，请的主要来宾和大会主席团的其他人都没有必要坐在主席台上。

4. 对重要来宾的礼仪。对于出席大型会议的重要来宾，一般安排在听众席的前两排就座，并在座位前的桌子上摆放姓名座次牌，进入会场应由服务人员引领至座位就座。

（六）签约仪式

签约，即合同的签署。在商务交往中，它标志着有关各方的相互关系取得了更大的进展，双方达成了一致性见解的重大成果。为了体现合同的严肃性，在签署合同时，最好郑重其事地举行签约仪式。签约仪式是签署合同的高潮，它的时间不长，但却是程序最为规范，气氛最为庄严、隆重而热烈的。

1. 签字仪式的准备工作

（1）确定参加人员。一般来说，参加签约仪式的双方或多方的人数应大致相同。

（2）协议文本的准备。待签的合同文本，应以精美的白纸印刷而成，按大8开的规格装订成册，并以高档质地如真皮、金属、软木等作为其封面。签署涉外商务合同时，比照国际惯例，待签的合同文本应同时使用有关各方法定的官方语言或使用国际上通行的英文、法文，也可并用。

（3）签字场所的选择。签字仪式举行的场所，一般视参加签字仪式的人员规格、人数多少及协议中商务内容的重要程度等因素来确定。

（4）签约厅的布置。布置的总原则是要庄重、整洁、清静。举行签字仪式，一般在签字厅内设置一张长方桌，作为签字桌。桌面上盖着深绿色台布，桌后放两把椅子，供双方签字人入席就座。东道主席在左边，客商席在右边。桌子上安放着今后各自保存的文件，文本前分别放置签字用的文具。签字桌中间摆有一旗架，同外商签字时旗架上面分别挂着双方国旗。

2. 签约仪式的程序

（1）宣布开始。有关各方人员进入签字厅。

（2）签字人正式签署合同文本。在签署合同文本时，每个签字人在由己方保留的合同文本签字，按惯例应当名列首位。因此每个签字人均应首先签署己方保存的合同文本，然后再交由他方签字人签字。这一做法被称为"轮换制"。

（3）签字人员正式交换签署的合同文本。此时，各方签字人应热烈握手，互致祝贺，并相互交换使用过的签字笔以示纪念。全场人员应鼓掌，表示祝贺。

（4）共饮香槟酒互相道贺。交换已签的合同文本后，有关人员，尤其是签字人当场干一杯香槟酒，是国际上通行的用以增添喜庆色彩的做法。

（5）礼毕退场。主办方宣布仪式结束后，应让双方最高领导及宾客先退场，然后东道主再退场。

在一般情况下，商务合同在正式签署后，应提交有关方面进行公证，此后才正式生效。签约仪式后，也可以安排与会者观看文艺节目、参观展览等。

【相关链接1】

办公室的语言礼仪与禁忌

语言是人们彼此沟通的桥梁，是表情达意最好的方式，在交际中起着不可忽视的作用。办公室是人与人交往最频繁的地方，同事之间的相处更是靠语言来沟通，因此，掌握办公室语言的礼仪非常重要。其中，高雅的语言、尊敬用语、谦虚用语是办公室内必不可少的礼仪性语言，掌握了它们不仅可以增强个人魅力，在职场中广结人缘，还可以获得更多的朋友。

在办公室内讲高雅的语言是十分必要的。它能消除彼此之间的隔阂，增进彼此之间的感情。但所谓讲话要高雅，并不是要求人们咬文嚼字，而是要人们懂得文明用语，倘若在与同事交往过程中，讲话粗俗、脏话连篇，定会遭到他人耻笑，别人不仅会认为你不懂得礼仪规范，没有涵养，甚至还怀疑你的工作能力，对你自身的发展是没有好处的。

敬语，是社交场合不可缺少的沟通方式。敬语一般用在比较正规的社交场合或公共场所。与长辈或身份、地位比自己高的人交谈时需要使用敬语。与陌生人打交道或与不太熟识的人相处要使用敬语。同事间使用敬语也非常重要，它不仅可以表现出你的文化修养，还可以体现出你对对方的尊重。例如打扰对方称"抱歉"；向别人询问称"请教"；请求他人原谅称"包涵"；请求他人帮助称"拜托"；很长时间没有见面称"久违"；征求他人意见称"高见"，等等。

谦语也是一种礼貌性语言，在日常生活中这种称呼虽然不多，但也是社交过程中不可或缺的一部分。在办公室内虽然没有必要这般谦卑，但适当地使用一些谦语会提升你的形象，给同事留下一个谦虚、诚恳的印象，从而赢得好人缘。

在漫长的职业生涯中，你不得不与形形色色的人打交道，若想有一个和睦的工作环境，和同事愉快地相处，就要了解办公室里忌讳的事情，懂得和同事相处的礼仪。

1. 不在办公室里打私人电话

很多人有占小便宜的心理，常常在工作时间利用公司的电话给亲朋好友打长途。这样做不仅占用了工作时间，影响了工作效率，浪费了公司资源，还大大影响了其他同事对你的印象。也许还会传到老板的耳朵里，万一因为这小小的原因而丢了工作，就得不偿失了。

2. 不在办公期间化妆、打扮

有些女同事在办公期间非常注重自己的形象，经常拿起化妆盒补妆。这样做不仅没有维护好自己的形象，反而让别人产生不好的印象，认为你只注重打扮，而不用心工作。

3. 掌握与同事谈话的分寸

在办公室里，同事每天见面的时间最长，谈话可能涉及工作以外的各种事情，"讲错话"常常会给你带来麻烦。同事与同事间的谈话，掌握分寸就成了人际沟通中不可忽视的一环。

4. 不要在办公室里辩论

有些人喜欢争论，一定要胜过别人才肯罢休。假如你实在爱好并擅长辩论，那么建议你最好把此项才华留在办公室外去发挥，否则，你虽然在口头上胜过了对方，但其实是损害了他的尊严，对方可能从此记恨在心，说不定有一天他就会用某种方式报复你。

5. 不要热衷于"小道消息"

只要人多的地方，就会有闲言碎语，形成各种"小道消息"。比如领导喜欢谁，谁最吃得开，谁又有绯闻，等等，就像噪声一样，影响人的工作情绪。聪明的你，要懂得该说的就勇敢地说，不该说的就绝对不要乱说。

6. 不做讲大话的吹嘘者

有些人喜欢与人共享快乐，但涉及工作上的信息，譬如，即将争取到一位重要的客户，老板暗地里给你发了奖金等，最好不要拿出来向别人炫耀。只怕你在得意忘形中，忘记了某些人眼睛已经发红。

7. 不向同事倾吐苦水

有许多爱说话、性子直的人，喜欢向同事倾吐苦水。虽然这样的交谈富有人情味，能使你们之间变得友善，但是研究调查指出，只有不到1%的人能够严守秘密。所以，当你的个人危机发生时，最好不要到处诉苦，不要把同事的"友善"和"友谊"混为一谈，以免成为办公室的焦点，或者给老板造成问题员工的印象。

【相关链接2】

"5杯水，怎么分给6个领导？"

最近，一个关于职场的问题火了：

"如果有5杯水，却来了6个领导，你该怎么办？"

这原本是一个面试题目，在现场问出来的时候，让不少名校毕业生一时语塞。

但在网络轻松的氛围里，所有人都畅所欲言，也让这个话题在短短一天，就达到了6.7亿阅读，7.1万的讨论量。

许多回答都有各自的职场思维相对应。《高效能人士的七个习惯》作者柯维曾说："个人成绩往往是思维习惯的产物。"可以说，每个答案背后的思维，决定了每个人职场未来的路。

"每杯都摆在两个领导中间，把你的问题变成他们的问题。"

这条是点赞数最多的答案，但大多数网友点赞只是因为让人忍俊不禁的段子属性。很显然，在成熟的职场人看来，这个做法是极不可取的。只要我不尴尬，尴尬的就是别人，看似很机智，但本质是把问题抛给了领导，而这几乎是职场的最大忌。

有些问题，不管你觉得多棘手，只要尝试去解决，那在领导看来就都不是事；但同样有些事情，不管你觉得多微不足道，只要放到领导面前，那就是大问题。

桥水基金创始人雷伊·达里奥曾总结了企业想达成任意目标，管理者必须遵循的5个基本步骤：1.有明确的目标；2.找到阻碍你实现这些目标的问题，并且不容忍问题；3.准确诊断问题，找到问题的根源；4.规划可以解决问题的方案；5.做一切必要的事来践行这些方案，实现成果。5个基本步骤里就有3个是围绕问题展开的，足以看出管理者对问题的重视程度。因此，在工作中遇到问题，除了不能隐瞒问题以外，敢于将问题摆上台面讨论非常重要，更不能想着如何甩锅。

《奇葩说》里席瑞曾说："当我们无限把责任推给对方的同时，我们也无可避免地把力量让给了对方。"

5杯水摆在6位领导面前，看似是小事，但折射的是一个人对问题和责任的态度。

职场人的价值，本质体现在你解决问题的能力。当你能承担责任，哪怕是用最笨拙的方式解决问题，这个时候，问题也可能成为你脱颖而出的机会。

"赶紧再去倒一杯！"

不少人在这个答案下留言：这才是标准答案。

看似平平无奇，但细想一下，桌上有5杯水，来了6个领导，那最直接的解决方案不就是再去倒一杯吗？这应该是每个人都可以想到的回答。

但令人难以理解的是，为什么当面试官提出这个问题时，求职的应届毕业生会集体语塞？究其原因，是每个人都有顾虑：我如果跑去倒水，领导就知道我少倒了一杯水，会觉得我办事不仔细。

但领导真的会想那么多吗？

项目那么多，任务那么重，领导只关心他交代下去的活有没有按进度开展，哪有那么多心思去分析多倒一杯水，少倒一杯水。

"告知疫情期间最好喝瓶装水，然后机智地撤下5个水杯。"这个回答被多数网友视作最机智的做法，不带引号的那种，不仅成功解决了问题，还尽可能避免了场面的尴尬。

有人可能会问，这难道就不是在回避问题了吗？恰恰相反，想出这个解决方案的前提，必然是先直面"有6个领导却只有5杯水"这个问题。而解决问题的方法，却不一定落在问题框死的固有思维之中。

当初赵明刚升任荣耀总裁时，恰好碰上"6.18"各电商平台大促。

摆在赵明眼前的问题很严峻，他还没来得及对产品进行成本优化，也就意味着他们相比竞争对手，给不出较大的促销力度。

面对这个通过常规思维很难解决的问题，赵明却很敏锐地观察到消费者心理：原来"6.18""双11"搞了很多年，所谓降价都是满满的套路，大多数情况下厂商只是在用低价来清库存，并不能真正让消费者感到"占了便宜"。

于是，赵明做出了让所有人意外的决定，"6.18"荣耀手机不降价，反而"涨价"1元，而这1元却能换购许多很实用的消费券和电影票。这个促销方案的效果立竿见影，荣耀顺利创造"6.18"全网销量纪录，为赵明的走马上任送上了开门红。

乔布斯曾说："不要问别人需要什么，你的任务就是提供别人需要却不自知的东西。"你可能觉得领导会埋怨怎么少了一杯水，但领导可能真正顾忌的，却是用纸杯喝暴露在空气中的水，不是很安全。那么当你洞悉这一需求，立刻换上瓶装水，那么"6个领导却只有5杯水"就不再是问题了。这就要求我们要学会跳出眼前的局面，从不同角度思考解决问题的方法。当你在一条路上觉得山穷水尽的时候，不妨换一条路，也许就能迎来柳暗花明。

"连分水都能成为问题的公司，还留着做什么？"这个答案被许多网友称为"太过冲动"，哪有为一杯水要辞职的？但抛开表现形式不谈，其中包含了很难得的归因思维。少倒一杯水的确是小事，却很可能暴露了某些管理层面上的失职。这些问题的根源如果不被挖掘出来，可能就会将整个团队置于隐患之中。

日剧《半泽直树》里有这么一个情节。

主角半泽参访一家有贷款意向的公司，在大厅等候时，他发现办公室的公共座机连续响了5分钟也没有人去接。单凭这一点，他就判断这家公司的经营存在很大问题，如果把钱借给这家公司，很有可能面临收不回贷款的风险。结果不出所料，行长一意孤行要给这家公司放贷款，后来公司迅速倒闭，给银行带来了5亿日元的损失。

被誉为职场圣经的《原则》一书里写道："许多人的最大错误，是把问题的表象看成问题本身。"水少倒一杯，补上就行了；文件发错了，换回来就好了；名单漏人了，加上去就得了。看似每次都解决了问题，但其实只是把精力消耗在处理重复的问题上。

我们应该培养的是归因思维。至于如何培养归因思维，有一条建议可供参考，即正确区分直接原因和根本原因：直接原因往往对应问题的表象，根本原因才直指问题核心，这是我们最该关注的。而区分这两种原因并不难，一般来说，直接原因用动词描述，根本原因则用形容词或状语表示。例如，对于问题"有5杯水却来了6个领导"，直接原因就是"某人少倒了一杯水"，根本原因就是"检查不到位"。

　　写到这里，我想起润米咨询的创始人刘润，有一次到中国火箭院参观，火箭院的梁书记问他："你知道火箭的直径为什么是3.35米吗？"

　　刘润回答："因为要用火车运输火箭，火箭的直径是由火车涵洞的宽度决定的。"

　　梁书记又问："那是什么决定了火车涵洞的宽度呢？"

　　刘润答："铁轨的宽度。"

　　梁书记接着问："那铁轨的宽度是什么决定的？"

　　这下，刘润答不上来了。

　　梁书记说："铁轨的宽度，沿袭了电车轨道的宽度；电车轨道的宽度，沿袭了马车车轮的间距；马车车轮的间距，接近两匹马屁股的宽度。所以说，火箭的直径，是由马屁股的宽度决定的。"

　　面对梁书记的问题，知识渊博的刘润却仍然被问住，作为普通人的我们，可能一个都答不上。

　　正如梁书记所说："这就是做火箭需要的精神，不断追问为什么，直到找到根本原因。"真正的高手，要习惯多问几个"为什么"，直到找到解决问题的根本原因，而不是单纯停留在问题的表象，最后既糊弄了自己，也搁浅了问题。

课后作业

　　1.复述职场中跟上司与同事沟通的要点。

　　2.以小组为单位，结合所学知识，模拟举行记者招待会。

第九章　涉外礼仪

1.学习涉外礼仪，为参与涉外活动做准备；

2.出国旅行讲究基本礼仪规范；

3.了解不同国家、不同宗教的礼俗风情。

《礼记》中说："入境而问禁，入国而问俗，入门而问讳。"涉外礼仪是指在长期的国际往来中，逐步形成的外事礼仪规范，也就是人们参与国际交往所要遵守的惯例，是约定俗成的做法。它强调交往中的规范性、对象性、技巧性。

第一节　求同存异，礼仪有度

随着中西文化交流和经济交往的日益频繁，越来越多的中国人将更广泛地参加国际交流。为了有效进行国际交流，了解西方文化礼仪和其他国家人民的生活方式和行为准则，我们对国际交往的原则、规范、惯例等知识进行介绍，供大家了解。由于涉外礼仪面广量大，国际交往惯例的内容也极为丰富，在此，我们只能将最主要的一些交往规则和惯例做法加以介绍。

一、中西方文化差异

中西方文化的差异包括思维方式、价值取向、伦理道德等方面。

（一）思维方式

西方人说话比较直接，源于西方思维方式注重思辨、理性、分析、实证，注重从物质世界入手，去探索和求证问题的本源。在西方哲人看来，思辨性的东西才是最真实、最完善、最美好的。从古希腊时代起，自然科学家和哲学家们都把抽象思维和逻辑思维方式作为认识和把握事物真理的最基本手段，并把"分析学"或"逻辑学"视为一切科学的工具。

中国崇尚"天人合一"，主张人与自然的和谐。中国的"天人合一"思想，包含了自然科学、哲学、政治、社会等方面的理论，人生的学说，甚至是一套信仰体系。这种"天人合一"思想决定了中国人认识世界的方式是"体知"而不是"认知"，注重以心灵体验的方式去把握宇宙的根本之道。在语言表达和人际沟通上，中国人比较委婉含蓄，注重感性、意会性，更具人文性。

（二）价值取向

西方人注重以自我为中心，重个人、重竞争。西方人的价值观认为，个人是人类社会的基点，因此，不习惯关心他人、帮助他人，不过问他人的私事，不探听个人隐私，甚至把主动帮助别人或接受别人的帮助看作令人难堪的事。因此，在与西方人交往时要懂得关心有度，尊重对方，尊重对方的选择与私人空间。

中国人注重群体、社会、和谐。中国人更看重团体利益，包括家族利益、国家利益，主张控制自我的欲望，反对极端个人主义和英雄主义，往往把个人利益和团体利益、国家利益联系在一起，提倡"忍""让""仁""义"，富于爱国和献身精神。在人际交往中，中国人认为主动关心别人、给人以关怀是一种美德。

（三）伦理道德

西方文化追求个性的解放，强调个人自由、个人权利，主张扩张自我，扩大自我生存空间，张扬自我个性，彰显自我，崇尚个人奋斗，张扬个人荣誉。西方人从不掩饰自己的自信心、荣誉感和获得成就后的狂喜。西方人"重利"，家庭观念比较淡漠。

中国人内敛、自省，喜欢"吾日三省吾身"（《论语·学而》）。中国人主张用礼、道德来约束自我，把修养身心看得很重，推崇中庸思想，讲究克己复礼，强调谦虚谨慎，不偏不倚。中国人不主张炫耀个人荣誉，反对"王婆卖瓜"。中国人"重义""重情"，家庭观念比较强。

中西方道德观的不同，使中西方的伦理体系和道德规范具有不一样的特点：西方重契约，中国重人伦；西方重理智，中国重人情；西方重于竞争，中国则偏重于中庸、和谐；西方的伦理道德以人性恶为出发点，强调个体的道德教育，中国儒家从人性善的观点出发，强调个体的道德修养。中西文化各有所长，全球经济一体化进程需要东西方文化的互补和融合。

二、涉外礼仪的原则

虽然不同的国家、不同的民族有各自不同的文化和生活习惯，但互相交往时还是有很多需要共同遵循的礼仪原则，因为人类具有很多的共性。

1. 维护国家利益原则

这是对外交往最重要的原则。每一位涉外工作人员最基本的素养是对国家忠诚，有颗爱国的热心，祖国的利益高于一切，要坚决维护国家的主权和民族的尊严。应时刻意识到，在外宾眼里，自己是国家、民族、单位组织的代表，自己的一言一行有可能给国家带来荣誉，也有可能带来耻辱。在原则问题上要坚持不懈，绝不让步，绝不做有损国格和人格的事情。

2. 入乡随俗原则

不同的国家、地区或民族在历史发展的进程中，会形成各自的宗教、文化、语言、风俗和习惯，了解这些习惯和文化的差异，允许彼此文化背景差异的存在，是对交往对象表示友好和敬意的表现。为此，要做到：

第一，充分了解与交往对象相关的习俗，做到"入境即问禁，入国即问俗，入门即问讳"，做到心中有数。

第二，尊重交往对象所特有的习俗，且不可评头论足，当然，也不必刻意模仿。对于自己的传统习俗，要继续发扬传播。

3. 不卑不亢原则

涉外活动中，要充分了解外宾所在国的特有讲究与禁忌，充分尊重外宾习俗，但也不可妄自菲薄，低声下气，曲意逢迎。应充满自信，大方从容，充分展现自己团队的凝聚力。当然，我们也不能自大狂妄、我行我素、目中无人，谦虚谨慎、戒骄戒躁、不卑不亢才是应持的态度。

4. 遵时守信原则

信守承诺、取信于人是建立良好人际关系的前提，也是做人的基本品德。在涉外交往中，说话务必算数，许诺一定兑现，所以，一切要三思而后言，三思而后行，说到做到。时间上的约定要牢记心间，没有理由可以作为迟到、缺席的托词，一个连时间观念都没有的人谈何诚信？

5. 尊重他人隐私原则

国际礼仪强调以人为本，要求尊重个人隐私，维护人格尊严，这也是尊重和体谅交往对象的基本方式和最起码的礼貌。每个人都会因为个人尊严或其他原因，不愿让外界了解自己的个人秘密或私人事情，所以，涉外活动中，凡涉及交往对象年龄、收入、婚恋、经历、政治见解、宗教信仰等话题均属个人隐私，不宜询问。

6. 女士优先原则

女士优先，这是国际公认的礼仪原则，广泛适用于社交活动中。在一切社交场合，男性有义务主动为女士提供方便，尊重妇女，照顾妇女，体谅妇女，保护妇女。不仅对待熟悉的女性如此，对待陌生的女性也应如此，要一视同仁，无关乎相貌、年龄，无关乎地位、金钱，也无关乎民族信仰。保护女性，并不是将女性视为弱者去同情、怜悯，而是将她们视为母亲、姐妹，对女性表达感恩之情。懂得尊重女士的男性，被公众视为有绅士风度。

7. 以右为尊原则

依照国际惯例，多人排序时遵循"以右为尊"的原则。大到政治会晤、文化交流、商务谈判，小到社交应酬、私人交往，但凡需要排序时，都应以右为上，以左为下，以右为尊，以左为卑。这与中国政界的排序正好相反，中国政界历来崇尚"以左为尊"。

8. 求同存异原则

对于中外礼仪与习俗的差异性，应当予以承认，予以尊重，而不是评判是非，鉴定优劣。在国际交往中，究竟遵守哪一种礼仪为好呢？一般而论，目前大体有三种主要的可行方法：

其一，"以我为主"，即在涉外交往中，基本上采用本国礼仪。

其二，"兼及他方"，即涉外交往中基本采用本国礼仪的同时，适当地采用一些交往对象所在国现行的礼仪。

其三，"求同存异"，即在涉外交往中为了减少麻烦，避免误会，最为可行的做法是，既对交往对象所在国的礼仪与习俗有所了解并予以尊重，更要对国际上所通行的礼仪惯例认真地加以遵守。

9. 热情有度原则

热情有度是指在待人热情友好的同时又要把握好具体的分寸，实际上主要就是"热情有度"中的"度"该如何把握。对这个"度"最精确的解释，就是要求大家在对待外国友人热情友好时切记：自己所做的一切都必须以不影响对方、不妨碍对方、不给对方增添麻烦、不令对方感到不快、不干涉对方的私生活为限。在与外国人进行交往时，如果不注意恪守这个"度"，而是一厢情愿地过"度"热情，必然会引起外国人的反感或者不快。

具体而言，关键是要掌握好下列四个方面的"度"：

（1）关心有度。所谓关心有度，是指不宜对外国友人表现得过于关心，不要让对方觉得我方人员碍手碍脚、管得过宽。

（2）批评有度。所谓批评有度，是指对待外国友人的所作所为，只要其未触犯我国法律，不有悖于伦理道德，不有辱我方国格、人格或尚未危及人身安全，那么通常就没有必要去评判其是非对错，尤其是不宜当面对对方进行批评指责，或是加以干预。

（3）距离有度。所谓距离有度，通常是指与外国人进行交往应酬时，应当视双方关系的不同，而跟对方保持与双方关系相适应的、适度的空间距离。

（4）举止有度。所谓举止有度，一般是指在与外国人相处之际，务必对自己的举止动作多多检点，切勿因为举止动作过分随意而引起误会，或者失敬于人。在涉外交往中，真正做到举止有度，最重要的是应当注意以下两个方面：第一，不要随便采用某些意在显示热情的动作；第二，不要采用不文明、不礼貌的动作。

10. 不宜先为原则

在涉外交往中，面对自己一时难以应付、举棋不定，或者不知道到底怎样做才好的情况时，如果有可能，最明智的做法是尽量不要急于采取行动，尤其是不宜急于抢先，冒昧行事。

一方面，不宜为先是指在难以确定如何行动才好时，应当尽可能地避免采取任何行动，免得出丑露怯；另一方面，在不知道到底怎么做才好时，可以先观察一下其他人的正确做法，然后加以模仿，或是同当时绝大多数在场者在行动上保持一致，以免尴尬。

三、涉外工作礼仪规范

（一）涉外礼宾规格原则

涉外礼宾规格需要把握四个原则：服从外交、身份对等、一律平等和有所区别。

1. 服从外交。这主要指中国外事接待中，礼宾规格的具体安排要服从我国总体外交的需要，礼宾规格的操作必须为我国的总体外交工作服务。

2. 身份对等。在确定接待外方人士的礼宾规格时，应与外方人士的具体身份相称，同时还应参照外方在接待我方身份相仿者时所采用的具体礼宾规格。也就是要求我方给予来访外方人士的礼遇应当恰到好处，以免我方人士在出访时受到怠慢。

3. 一律平等。在确定和操作用于接待来自多方的境外人士的礼宾规格时，一定要不论其国家大小，不分强弱，不看贫富，不讲亲疏，严格地、无条件地平等相待，搞好有关各方的平衡。

4. 有所区别。在确定和操作用以接待来自与我方存在习俗差异及其他差异的外方人士的礼宾规格时，必须充分考虑双方的这些差异，具体情况具体对待。

（二）涉外工作人员必备的礼仪素养

我国是一个具有悠久历史和文明传统的礼仪之邦，历来就十分关注和重视礼仪礼节。随着经济社会的发展和对外交往的增多，礼仪问题越来越受到各界人士的重视。因此，作为涉外人员更应该增强礼仪观念、提高礼仪素养。

1. 涉外工作人员的仪容仪表

涉外工作人员要注意个人的形象，给外宾留下良好的印象。涉外工作人员的仪容、服饰要整洁，头发、胡须、指甲、鼻毛等都要加以修整；穿西装应系领带，衬衫应塞在裤腰内，袖口不要卷起，内衣裤、衬衣不要露出来。着装应注意场合，参加正式活动一般应穿深色服装，参加丧葬吊唁活动一般应穿黑色服装。进入室内应脱大衣以及其他饰物，并存放于衣帽间。在公开场所不能穿背心、拖鞋。

2. 涉外工作人员的言行举止

涉外工作人员的一言一行都代表了国家形象，因此，对涉外人员举止言行的要求十分严格。涉外人员坐姿要端正，不要跷二郎腿或摇晃双腿，也不要靠在椅背或沙发背上伸直双腿，更不可把脚或腿搭在椅子上，女士坐时不可叉开双腿，站立时不要倚靠墙或柱；在外宾面前，不要修指甲、剔牙齿、掏鼻孔、揩鼻涕、伸懒腰等，打喷嚏、打呵欠就用手巾捂住嘴、鼻，朝向另一侧，避免发出声音；在外宾面前讲话应文雅，不可争吵或争论，不可大声呼喊、喧哗或大笑。

在公共场所应注意保持环境卫生清洁，不随地吐痰、不吸烟、不乱扔杂物。参加活动前，不吃葱、蒜等带刺激味道的食物。不私自收受外宾礼品，更不可向外宾暗示及索要礼品。服务要热情周到。遇到自己解决不了的问题时，应主动、及时向有关部门和领导汇报。谈话要实事求是，不要允诺或答应没有把握的事，但已经答应的事应说到做到。要注意内外有别，严守国家机密。参加外事活动要严守时间，不能迟到早退，有特殊事情应事先请假。

3. 涉外工作人员的工作要求

接待外宾是一项重要的工作，要严格要求自己，严谨对待。在工作中严格遵照上级指示和政策办事，不掺入个人的兴趣和感情。尽可能避免发表不必要的个人意见。做事要积极主动，谨言慎行，对工作要有计划地进行，对对方可能提出的问题，要事先做必要的请示。要严守国家机密，不在外宾面前谈内部问题。除非因为工作关系，否则文件资料、工作日记本等不得随身携带。未经上级批准，不得自行接受外宾的馈赠，但如果外宾坚持赠送小纪念品时，可先收下，并立即报告上级组织，并把礼品提交组织处理。另外，工作人员要及时、准确地向上级汇报外宾工作情况、生活要求以及对每种活动与事件的反应。若对外宾反应搁置不理，隐匿不报，是无组织无纪律的表现。

4. 涉外驾驶人员的礼仪

驾驶人员在每次参加涉外活动前，都要对车辆进行检修，以确保车辆行驶安全，并事先弄清行驶路线，必要时可事先熟悉路线，仔细观察路上情况，有所准备，以免误时误事。招待外宾时，驾驶人员应热情、主动，以优质的服务礼貌待客。外宾准备乘车时，驾驶员应将车门打开，并用手示意，防止客人头部碰撞车门上端的车篷。待外宾坐好后再关车门，注意防止夹客人的手足；如果接待外国代表团，在主宾车上的人员上齐后，前卫车即可开始缓行，以免主宾车等候过久；防止后面的车辆掉队，车辆之间要保持一定的距离；驾驶人员在未结束当天活动前，不得离车，以确保安全。

5. 安排礼宾的次序

（1）按身份与职位的高低排列。由于各国的国家体制不同，部门之间的职位高低不尽一样，所以，首先要熟悉各国的规定，然后按相应的级别和官衔进行安排。

（2）按通知代表团组成的日期先后排列。有时在国家间举行的多边活动中，采用按通知代表团组成的日期先后排列礼宾次序的方法。

（3）按字母顺序排列。多边活动中的礼宾次序有时按参加国国名字母顺序排列，一般按英文字母排列居多，少数情况也有按其他语种的字母顺序排列。

（三）接待外宾的注意事项

涉外礼仪是人们在国际交往中形成的一种行为规范。它在一定意义上反映着一个国家的文明、文化和社会风尚。迎送是最常见的社交礼节，这不仅是整个社交活动的开始和结束，而且是对不同身份的外宾表示相应尊重的重要方式。

1. 迎宾的准备

对外国来访的客人，通常要视其身份、访问的性质和目的、国际惯例以及两国关系等因素，安排相应级别的领导人前往机场、车站、码头迎送。各国对外国国家元首、政府首脑的正式访问，往往都举行隆重的迎送仪式。对军方首脑来访也举行一定的欢迎仪式，如安排检阅三军仪仗队等。对其他人员的来访一般不举行欢迎仪式。但对应邀来访的任何代表团，无论官方的还是民间的，在他们抵、离时，都要安排有关人员前往机场迎送。

按照国际上通常的做法，国宾来访，自入境之时起，其安全保卫的责任，就落在东道国肩上。保护计划包括警察护送、现场控制、近身保卫、食物品尝、交通安全以及其他一切必要的技术和预防性措施。礼宾部门在考虑日程和活动现场的安排时，也应将安全因素考虑在内。

2. 迎接外宾的礼仪

迎送人员如职位较高时，应在机场安排休息室。如果客人首次来访，双方又不认识，可事先联系好或做好特定标识牌，方便对方辨认。行李票的交接、行李的运输要有专人负责。团长和重要外宾的行李要先取，及时派人专送，方便客人更衣。

迎宾时，客人初次到访，一般较为拘谨，主人应主动与客人寒暄。当客人下机后，迎接人员要主动迎上前去表示欢迎，由礼宾官或迎接人员首先将中方前来欢迎的主要领导介绍给来宾，其他领导可简明扼要地介绍。主要翻译必须时刻紧随中方主要领导和主宾。礼宾官或迎接人员在介绍其他中方领导时要始终照顾好主宾，不要因忙于介绍别人而冷落了主宾。如遇外宾主动与我方人员拥抱时，可做相应表示，不要退却或勉强拥抱。主要领导人与客人握手之后可以献花。

在乘车时，应先请客人从右侧上车，陪同主人再从左侧上车。待外宾与陪同人员全部上车后，再驱车去宾馆。在途中，陪同人员应择机将沿途所见的欢迎标语、人文景观等对外宣传的事物向外宾介绍。重要外宾和大型团体来访，应安排专人、专车提取行李并及时送到客人房间。外宾抵住处后，主人不宜马上安排活动，应让其稍事休息，给对方留下更衣时间。

3. 接待外宾的礼仪

在外宾抵达以前，就应做好充分的准备工作。主方应弄清楚来访外宾或代表团的总人数，来访人员的职务、性别、礼宾次序等情况，这些都可请对方事先提供。重要国宾来访，其随访人员中，有正式随行人员和工作人员之分，而正式随行人员中有的还是政府的高级官员；此外，有的国家领导人来访，随行的还有企业家、记者以及专机的机组人员等。这些都应在事先了解清楚，以便由有关单位做好相应的接待准备。

外宾来访期间的住房、坐车、生活起居，要尽量使其舒适、方便、安全，饮食应当可口。驻地应当选择在环境优美安静的地段，以便使来宾在繁忙紧张的活动之后得到适当的休息。国事访问一般以住国宾馆、高级饭店为多，这些地方设备好，服务周到有经验。也有的国家为了讲究礼仪规格而安排来宾住在王宫、别墅等地方。元首驻地应升来访国的国旗或元首旗。秘书、译员、近身警卫和服务人员等应住在靠近主宾的房间。对代表团中的高级官员亦应妥善安排。除非不得已的情况，单身者亦应安排单独房间，而不要安排单身者两人合住。住房可由东道主安排分配后，再征求客人意见；也可将房间位置图提前交给对方，请对方自行安排。

4.乘车安排和注意事项

介绍结束后，速引导客人上车。如安排主人陪车，则请客人从车的右侧门上车，中方主人从车的左侧门上车。有时客人上车后先坐到了主人的座位上，一般不必请客人挪动座位。国宾车队和大型代表团的车队要事先编号；国宾车队的主车要挂两国国旗。多国使节代表团同团时，可以轮流乘坐一号车，轮流当团长。

（四）国际交往中的各种仪式

有关国家的政府、组织或企业单位之间涉外交往的重要内容就是中外双方举行的各种仪式。因此，掌握仪式中的礼仪是十分必要的。

1.涉外开幕仪式

（1）确定人员

开幕式通常由主办单位的负责人主持。隆重的涉外开幕式除双方有关人员参加外，还可邀请各国驻当地的使节、外国记者出席。如果是高规格的开幕式，东道国的国家领导人往往出席。出席仪式者对题词应事先有准备。

（2）场地及布置

开幕式一般选在宽敞的场地举行，室内室外均可。会场正面要悬挂开幕式的横幅，隆重的开幕式需悬挂有关各方的国旗。会场周围可插上彩旗。常常要准备好三个话筒，供主持人、致辞人和翻译使用。准备好剪彩用的彩带。有些开幕式现场还应备有签名簿，请领导人和来宾题词或签名留念。

（3）宣布开始及开始后的相应礼仪

双方出席开幕式的人员入场后，宾主面向外分左右两边排开。主持人宣布大会开始，首先请开幕式主办单位的主要负责人或代表团团长致辞。若是双方合作，一般请一方负责人致开幕词，请另一方致贺词。致辞后即开始由代表团中身份最高的官员剪彩。若是双方合作，则可各推举一位负责人同时剪彩。剪彩结束后，主人可陪同宾客参观。有时还举行执行会。

2. 涉外签字仪式

（1）确定人员

签字人由缔约各方根据文件的性质和重要性协商确定，各方签字人的身份大致相当。按惯例，参加签字仪式的，应是双方参加会谈的全体人员；如一方要求让某些未参加会谈的人员出席，另一方应予以同意，但双方人数最好大体相等。

（2）仪式准备

举行签字仪式之前，要准备好文本。文本的定稿、翻译、印刷、校对、装订、盖印等，均要确保无误。同时还要准备好签字时用的国旗、文具。确定助签人员，事先与对方就有关细节问题洽谈。

（3）现场的布置

签字的现场布置各国不尽相同。有的国家在签字厅内设置两张方桌为签字桌，双方签字人各坐一桌，双方的小国旗分别悬挂在各自的签字桌上，参加仪式的人员坐在签字桌的对面；也有的安排一张长方桌为签字桌，签字人分坐左右，国旗分别悬挂在签字人身后，参加签字仪式的人员分坐签字桌前方两旁。

我国的做法是在签字厅内设一长桌，桌面覆以深绿色的台呢为签字桌。桌后放两把椅子，为双方签字人座位，主左客右。座前摆放本国保存的文本，文本前面放有签字文具。桌子中间摆一旗架，悬挂双方国旗。双方参加仪式的其他人员，按身份顺序排列于各自签字人员的座位之后，双方助签人员分别站在各自签字人员的外侧。

（4）仪式开始后的礼仪

签字仪式开始，双方人员进入签字厅。签字人员首先入座，其他人员按宾主身份顺序就位。助签人员分别站立在各自签字人的外侧，协助翻译文本，指明签字处。签字人在本国保存的文本上签字后，由助签人员传递文本，再在对方保存的文本上签字。签毕，双方签字人交换文本，并互相握手。此时，可上香槟酒，宾主双方共同举杯庆贺。多边签字仪式与双边签字仪式大体相似。若只有三四个国家，一般只相应地多配备签字人员座位、签字文具、国旗等物。如果签字国家众多，通常只设一个座位，由文本保存国代表先签字，然后由各国代表按礼宾次序轮流在文本上签字。

3.涉外谒墓仪式

在涉外礼仪中，谒墓、献花圈是对被访国人民友好亲善的表示，也是对已故领导人或先烈的敬意。一般来说，只要被访国安排，都要前往。在决定谒墓之前，应先了解该国的政治历史背景。

谒墓的整个过程充满庄严肃穆的气氛，东道国在现场安排有仪仗队和军乐队，并派高级官员陪同。参加仪式的人员应穿着深色或素色服装，有的要求着礼服，谒墓时应脱帽。军人若不脱帽应行举手礼。仪式开始时，乐队奏乐，东道国礼兵或谒拜者随行人员抬着花圈走在前面。谒墓（碑）人由陪同人员陪同，随行于后。卫士分列两旁，持枪致敬。当礼兵将花圈放于碑前时，谒墓人往往要上前扶一扶，整理一下花圈上的飘带，而后稍退几步，肃立默哀，默哀毕，绕陵墓（纪念碑）一周。

第二节 问禁探俗，遵礼随俗

一、世界宗教基本常识及禁忌礼仪

宗教是人类社会发展到一定历史阶段出现的一种文化现象，属于社会特殊意识形态。宗教礼仪，是指宗教信仰者为对其崇拜对象表示崇拜与恭敬所举行的各种例行的仪式、活动，以及与宗教密切相关的禁忌与讲究。世界上存在着多种宗教，自然也就存在着多种宗教礼仪。世界三大宗教，分别是佛教、伊斯兰教、基督教。我们只有了解各种宗教的特点、习俗及禁忌，尊重交往对象的宗教信仰，遵守各种宗教的礼仪规范，才能使涉外活动得以更顺利地进行。

（一）佛教

佛教从公元前后由古印度传入中国，至今已有2000多年历史，经过长期的发展演变，又分为汉传佛教、藏传佛教和南传佛教三大支派。汉传佛教在汉族群众中仍有广泛的影响，但由于佛教没有严格的入教仪式和规定，所以难以统计出信教群众人数。藏传佛教在藏族、蒙古族、裕固族、门巴族等少数民族中基本上全民信仰。

1. 称谓

佛教常用的称谓主要有和尚、僧人、法师、住持、居士等。在佛教界，对称谓的运用一般有以下要求：了解各种常见佛教称谓的准确含义，从而根据僧俗、男女、长幼所任职务的不同而采用相应的称谓。

（1）普通僧尼

对僧尼，尤其是年长的、有学问的、有德行的和有身份的僧尼，要多用礼节性称谓，但切忌滥用溢美之词。一般来说，对僧尼均可称为师父，也可在其前冠以法名或职务名，如称××师父、当家师父、知客师父等；对自己的皈依师或年长德高者也可称为师父；对有学问或有一定身份的僧人，可称为××法师；至于在戒场、法会、佛事活动等特殊场合，可根据要求作灵活变通，或称戒和尚，或称上师，或称禅师等。对和尚、尼姑这两个称谓要慎用或不用。在书信中，称谓和礼貌用语要求更严一些，体例和语气要求一致。

（2）有身份或有德的高僧

对寺院方丈可称为××大和尚或××长老；对很有德行且具一定声望的法师和居士，可称为××大德等。

（3）在家信众和俗人

对在家信众和俗人，也要尽量用礼节性称谓。一般来说，对到寺院朝礼或参学的在家人，不分男女，都可称为居士、善信，或在其前冠以姓氏，称××居士；对来寺做佛事、功德者，称为檀那、檀越，或称××施主、××功德主；对关心寺院或在某一方面有功于佛教者，可称为护法；对信仰虔诚、很有德行者，可称为××大德或大居士。在书信中，除上述称谓外，还可用××贤士、××仁者、××道友等。当然也可根据具体情况，采用社会通行的称谓，如先生、教授、同志等。

（4）僧人与僧人之间

僧人与僧人之间，可视不同的场合及彼此之间的关系来称呼，若是平辈，一般可直接在法名后加师，称××师，也可称××法师；若是同门，也不妨称××师兄、师弟等。但伦理性的称谓如师爷、师叔、师侄、师孙等慎用或不用，以免落于俗套，在十方丛林（禅宗寺院）中尤需慎用。

（5）自称

若是自称，僧人可称贫道、拙僧、弟子、晚学等；居士可称白衣××、弟子××、学人××。

2. 饮食习惯

佛教作为一种宗教，有着庞大的僧团组织，为了修行自律、传教度人，相应地制定了许多饮食仪轨和戒律。

（1）过午不食

佛教认为，早晨为天人食时，中午为法食时，下午为畜生食时，夜晚为鬼神食时，因而规定日过正午即不许进食，仅可饮水或浆，称之为持午或吃斋。

（2）素食

这分为两种情况，一种是禁断五辛，如葱、蒜、韭、薤、兴渠。佛教认为这五种辛臭植物熟食生淫，生食发嗔，不利修行，因而禁食；另一种则是基于佛教的慈悲教义，禁食各种动物的肉。不杀生是佛教的根本五戒之一，其他宗教的不杀生，多指不杀人而言，而佛教的不杀生，是指除人之外，还包括一切众生——有情识的生命。

（3）戒酒

酒能令人乱性丧智、危害社会，更是修行的大忌。传说佛陀时代有一位具神通的弟子因误饮酒，醉卧于途，神通尽失，威仪扫地，佛陀当即率众弟子现场说法，制定了酒戒。此戒被列为出家、在家佛弟子的五大戒之一，可见其重视程度。

（4）进食

佛教将进食视为一种重要的修行，并作为每日的一大佛事活动。每日早晨和午前进食时，全体僧众闻号令穿袍搭衣齐集斋堂，奉诵偈咒，首先奉请十方诸佛菩萨临斋，其次取出少许食物，通过念诵变食真言等施予"大鹏金翅鸟""罗刹鬼子母"及旷野鬼神众，然后进食，用斋完毕后还须为施主回向祈福。著名的《百丈清规》在"日用规范"篇中说："吃食之法，不得将口就食，不得将食就口，取钵放钵，并匙箸不得有声。不得咳嗽，不得搐鼻喷嚏，若自喷嚏，当以衣袖掩鼻。不得抓头，恐头屑落邻座钵中。不得以手挑牙，不得嚼饭啜羹作声。不得钵中央挑饭，不得张口待食，不得遗落饭食，不得手把散饭。"可见要求之严。

3. 进入寺庙的礼仪

无论善男信女，还是文人游客，进入佛教寺庙，通常都应注意以下礼仪：

（1）入寺。入寺门后，不宜中央直行，进退俱当顺着个人的左臂靠边行走。入殿门里，帽及手杖自提或寄放他室为佳，切勿放在佛案上。

（2）跪拜。殿中央拜垫是寺主用的，不可在上礼拜，宜向两旁的垫凳分男左女右礼拜。凡有人礼拜，不可在他的前面走过。

（3）阅经。寺中若有公开阅览的经典，宜端坐阅读。须先净手放案上平看，不可握着一卷，或放在膝上。衣帽等物，尤其不可放在经上。

（4）见僧人。见面称法师，或称大和尚。向他顶礼时，假若他们拒拜，不必再继续强拜。凡僧人礼佛、坐禅、诵经、饮食、睡眠、经行、如厕的时候，俱不可向他礼拜。

（5）法器。寺中钟鼓不可擅敲，袈裟、海青等物不可乱动。

（6）听经。随众礼拜入座，如后到，法师已经升座，须向佛顶礼毕，向后倒退一步，再向法师顶礼。入座以后，不向熟人打招呼，不得起坐不定，不得咳嗽说话。如不能听完，可向法师行一合十，肃静退出，不得招呼他人退出。

聚会时座次主要有：一席一主一客序坐法、一席一主两客序坐法、一席一主三客序坐法和一席二主二客序坐法，共四种坐法。

（二）伊斯兰教

伊斯兰教奉《古兰经》为经典，其基本教义是信仰安拉。安拉在中国又称真主，主宰一切。该教同时要求信徒们必须无条件地信仰安拉的使者——穆罕默德。

信仰伊斯兰教者被称为穆斯林，意即"顺从者"。穆斯林的服饰一般是双襟白衬衫以及白布缝制的袜子。伊斯兰教的功课大体分为：念清真言、礼拜、斋戒、纳天课、朝觐等。该教有严格的禁食制度，规定教徒要食清洁的食物，不得食用未诵安拉之名宰杀的牲畜，禁食自死物、血液和猪肉等，禁止饮酒。

伊斯兰教于公元7世纪中叶从阿拉伯传入中国，至今有1300多年的历史。伊斯兰教分逊尼派和什叶派两大宗派，中国的穆斯林大多数属于逊尼派。

1. 入寺的礼仪

进清真寺参观必须脱鞋，而且要先迈右脚进入。女性参观者应戴头巾或领取一件长袍套在身上，否则不能进寺。在礼拜时间参观清真寺切勿喧哗，清真寺内绝对禁止吸烟、吐痰，不经阿訇同意，非穆斯林不准进入礼拜大殿。具体的要求如下：

（1）进寺脱鞋，头上不能不戴帽子、头巾，如果准备不充分，非教徒可以用手帕等物代替。

（2）女性不能穿超短裙，严禁不戴文胸。

（3）所有人必须将肩膀以下、膝盖以上的部位藏在衣服里。

（4）进入清真寺，不要从正在进行祈祷的人面前走过，不要跨过祈祷用的蒲团，不能踩在上面，不能吸烟。

（5）在清真寺里不许厮杀格斗。

（6）在清真寺里不许寻找遗失物。

（7）在清真寺里不许在礼拜时拥挤别人。

（8）在清真寺里不要将手指握响。

（9）在清真寺里（特别是在大殿内）不许谈论与今世无关的事情，不许说闲话。

（10）在清真寺里除赞颂真主外，不许大声喧哗。

2. 交友的礼仪

教众不能用左手与朋友打交道，握手、敬茶、端饭一律用右手。伊斯兰教禁止偶像崇拜，因此不应将雕塑、画像、照片以及玩具娃娃赠给穆斯林，不宜邀请穆斯林观看电影、电视、录像等。伊斯兰教禁止妇女外出参加社交活动。在外人面前，不允许妇女的着装暴露身体，不允许男女共处。与穆斯林打交道时，一般不宜问候女主人，不宜向其赠送礼物。要充分尊重穆斯林的生活习惯和宗教心理，谈话避免使用该教禁忌的词汇，不涉及敏感话题。

3. 接待的礼仪

在饮食方面，穆斯林讲究颇多。他们忌食猪肉，忌饮酒，忌食动物血液，忌食自死之物，并且忌食一切未按教规宰杀之物。非清真的一切厨具、餐具、茶具，均不得盛放招待穆斯林的食物或饮料。招待穆斯林最好去清真饭店，一般不要在自己家中。

4. 祝节的仪式

（1）开斋节

开斋节是伊斯兰教最重要的节日之一。在伊斯兰教历的每年9月，穆斯林均应斋戒一个月。斋月期间，从每日破晓直至日落，禁饮食，禁房事。在斋月期间，外人不宜打扰穆斯林。许多伊斯兰国家要放假三天。节日清晨，男女老少要打扮整齐去清真寺做礼拜，随后人们要与家人团聚，同吃开斋饭。节日期间，每家每户的大门白天都敞开着，互相走亲访友、交换礼物、施舍穷人等，男女青年都愿选择这一节日举行婚礼。

（2）古尔邦节

古尔邦节也称"宰牲节"，这一天是伊斯兰教历的12月10日（公历约7月下旬），要宰牲献祭，届时穆斯林沐浴、盛装到清真寺举行隆重的会礼，互相馈赠以纪念。举行会礼的过程中，所有的穆斯林一律朝着圣城方向，十分虔诚地磕头礼拜。会礼结束后，家家户户待夕阳西下，全家人围坐在一起吃香喷喷的烤肉。遇到穆斯林的传统节日，应以适当的方式向他们表示祝贺，而穆斯林赠送给我们礼物，我们要欣然接受，不可过于推辞，以免引起误解。

（三）基督教

基督教是当今世界上传播最广、信徒人数最多的宗教，分布在150多个国家和地区。公元1世纪中叶，基督教产生于地中海沿岸巴勒斯坦和小亚细亚的犹太人团体中，后从犹太教中分离出来成为独立宗教。基督教是天主教、东正教和新教三大教派的总称，新教在我国被称为基督教。

1. 基督教的常用称谓

基督教对神职人员的称谓，因教派的不同而有所区别。

天主教称谓有：教皇、枢机主教、大主教、主教、神父、修士、修女等。

基督教称谓有：主教、牧师、修士、修女等。

东正教称谓有：牧首、都主教、大主教、主教（神父）、修士、修女等。

2. 基督教常用的礼仪

为获得基督的恩宠和保佑，基督教多举行"圣事"活动，并将之作为重要的礼仪。基督教的圣事共有七件，即洗礼、坚振、告解、圣体、病人傅油、圣秩和婚配，但有的教派不主张圣事。大部分新教宗派只承认洗礼和圣体两件事情。

3. 圣诞节

（1）准备圣诞节

在西方，一进入12月，人们就开始了圣诞节的准备工作。准备阶段有三件事情是必须要做的。

第一，要装饰门面、居室。圣诞节的装饰，除室内外要挂彩灯外，还要布置圣诞树、"将临圈"、马槽等，与耶稣诞生有关的象征物必不可少。而在色彩上，整个装饰以红绿白三色为基调，因为这三色是欧洲的圣诞色，每一色都具有特定的象征意义。同时还要特意打扫一番烟囱，以迎接圣诞老人的到来。

第二，准备充足的圣诞食品。

第三，采购圣诞礼物。家庭的每一个成员事先会排出一份亲友名单，根据名单中每个人的不同爱好，自己去超市或专业的圣诞市场采购计划中的礼物。大家互不代劳，小孩也一样，钱可以由大人出，但买什么礼物完全由自己决定。等这些准备工作结束后，圣诞节也就临近了。

（2）圣诞节的仪式

以家庭为单位的圣诞仪式在12月24日晚上举行。主要仪式程序大致为：

第一项，合唱《圣诞快乐》，如果有客人，宾主合唱。在信徒家庭还有一个类似于教堂弥撒中"迎圣婴"的仪式，但大多数家庭已省略。

第二项，吃圣诞大餐。所谓"大餐"也只是比平时略显丰盛，并能吃上平时不常吃的火鸡，其他与平时用餐别无两样。用餐礼仪也就是西餐的一般礼仪，但餐前餐后的酒都必须是红酒。据说，红酒代表基督的血。

第三项，发歌单，大家齐唱圣诞颂歌。歌单上，从耳熟能详的《平安夜》到《铃儿响叮当》《哦，圣诞树》，一般列有十多首，大家围聚在圣诞树周围可不加限制地唱，也可以一边唱歌一边跳舞。

第四项，互换礼物。如果家庭成员中任何一个人邀请了自己的朋友来家里过圣诞节，主人事先也会给朋友准备礼物。作为客人的朋友也会向主人回敬礼物。在收到礼物时，马上打开，不论是何物，不论是否真的喜欢，都要表现出很惊喜的样子。

第五项，聆听圣诞祝词。圣诞祝词有总统的、市长的或教皇的，子夜前他们都会通过电视向市民和教民祝福节日、祝福新年。

第六项，互致祝福并亲吻。在举行这一仪式时，时间已经不早了，作为客人这时就该告辞了。

第七项，分头活动。小孩将事先买好的圣诞袜挂在壁炉旁，然后带着期盼的心情入睡，他们希望在25日一大早就能看到圣诞老人装在袜子里的礼物；年轻人则开始进入狂欢夜，或去教堂广场观看圣诞剧，或去参加同龄人举行的圣诞晚会；成年人，特别是基督教和天主教的信徒则要去教堂参加子夜弥撒。

4.复活节

（1）复活节的时间

复活节是西方两个最重要的节日之一（另一个是圣诞节）。每年在教堂庆祝的复活节一般定为每年春分（3月21日）月圆后第一个星期日。如果月圆那天刚好是星期天，复活节则推迟一星期，因而复活节可能是从3月22日~4月25日之间的任何一天。

（2）复活节的习俗

宗教活动：按照基督教的习惯，在复活节的前一天，教徒们要举行夜间祈祷。这天晚上，教堂里灯火全部熄灭，意味着世界一片黑暗。等到午夜的钟声一响，神父手持一支点燃的蜡烛（象征基督光芒），走进教堂，将各个教徒手中的蜡烛点燃，不一会儿，整个教堂被众多的蜡烛光照得通明，祈祷也就随之结束。复活节这一天要举行宗教仪式和活动，如"圣餐"等，人们见面的第一句话就是"主复活了"。

复活节的礼物：在复活节当天，西方国家人们所赠礼品主要是鸡蛋。教堂、学校或大户人家在这天一清早就把煮熟的鸡蛋藏在树穴、草丛或山石后面，邀请前来聚会的孩子们四处寻找，这将成为一天的主要活动。人们还把鸡蛋染成五颜六色，以增加喜庆气氛。后来又发展到把巧克力、糖果等做成鸡蛋模样，包上各色彩纸，互相赠送，因为鸡蛋在西方象征着死后又要复苏的生命。

复活节中最具代表性的吉祥物就是彩蛋和兔子，复活节也是向所关怀的人送鲜花、盆景、胸花等礼物的节日。许多去做礼拜的人这天也向教堂献上花束。成年人则往往互赠贺卡或小件礼品。礼物大多与再生有关系，如巧克力彩蛋、复活节小兔子、带绒毛的小鸡等。最传统的复活节馈赠风俗是，人们在复活节时给孩子们送去活的小鸡、小鸭、小兔子等，但有的孩子太小，往往不能细心地喂养这些小动物，所以变通的做法是，送给孩子这些小动物的布绒玩具或其他替代品。

5. 与基督教徒交往礼仪

（1）与基督教教徒打交道时，不宜对其尊敬的上帝、圣母、基督以及其他圣徒、圣事说长道短，不宜任意使用其圣像与其宗教标志，不宜与他们争论教义。

（2）对神职人员，一般不应表现不敬之意。

（3）"666"在基督徒眼里代表魔鬼撒旦，"13"与"星期五"也被视为不祥的数字，所有的基督徒都会对其敬而远之，因此不应有意令对方接触它们。

（4）有些教派的基督徒有守斋之习。守斋时，他们绝对不食肉、不饮酒。在一般情况下，基督徒不食用蛇、鳝、鳅、鲶等无鳞无鳍的水生动物。

（5）就餐之前，基督徒多进行祈祷。非基督徒虽然不必照此办理，但是也不宜在其前面抢先而食。

（6）在基督教的专项仪式上，讲究着装典雅，神态庄严，举止检点。服装"前卫"、神态失敬、举止随便者，均不受欢迎。

（7）教堂是基督教的圣殿，允许非基督教徒进入参观，但禁止在其中打闹、喧哗，或者举行有碍其宗教的活动。

二、国外礼仪习俗与禁忌举例

来自不同国家的人，由于价值观的不同，生活环境的差异，在不同民族文化的影响下，其礼仪风俗也具有多国性和多民族性。当我们与不同国家和地区的人交往时，在不违反基本原则的情况下，能因人而异，了解并尊重对方的风俗礼仪，一定能事半功倍。

下面，选择一些有代表性的国家和地区，对他们的风俗礼仪做简单介绍。

（一）部分亚洲国家习俗礼仪

1. 日本

日本几乎全是大和民族。居民主要信奉神道教和佛教，少数信奉基督教和天主教。日本至今还保留浓厚的中国唐代的礼仪和风俗。日本是一个注重礼仪的国家。在日常生活中，都互致问候，脱帽鞠躬，表示诚恳、可亲。初次见面，向对方鞠躬，而不一定握手。如果是老朋友或比较熟悉的人就主动握手，甚至拥抱。遇到女宾，女方主动伸手才可以握手。如果需要谈话，应到休息室或房间交谈。日本人一般不用香烟待客，如果客人要吸烟，要先征得主人的同意。日本人注意穿着打扮，平时穿着大方整洁。在正式场合一般穿礼服，男子大多穿成套的深色西服，女子穿和服。在日本，"先生"的称呼，只用来称呼教师、医生、年长者或有特殊贡献的人，如果对一般人称"先生"，会让他们感到难堪。

日本人不喜欢紫色，认为这是悲伤的色调，最忌绿色，认为是不祥之兆；忌荷花图案，认为是妖花；忌"9""4"等数字。赠送礼品的时候，不要赠数字为"9"的礼物，因为日语里"9"的读音和"苦"一样。"4"的发音和"死"相同，所以在安排食宿时，要避开 4 层楼、4 号房间、4 号餐桌等。日本商人还忌讳"2月""8月"，因为这是营业淡季。另外，日本人讨厌金银眼的猫，认为看到这种猫的人要倒霉。

2. 韩国

韩国由单一的民族朝鲜族组成。韩国人讲究礼貌，待客热情。见面时，一般用咖啡、不含酒精的饮料或大麦茶招待客人，有时候还加上适量的糖和淡奶。这些茶点客人必须接受。韩国人初次见面时，经常交换名片。韩国很多人养成了通报姓氏习惯，并和"先生"等敬称联用。韩国人注重服饰，男子穿西服、系领带。如果被邀请去韩国人家里做客，按习惯要带一束鲜花或一份小礼物，用双手奉上。主人不能当着赠送者的面把礼物打开。进到室内，要把鞋子脱掉留在门口。韩国人不轻易流露自己的感情，公共场所不大声说笑。在韩国，妇女十分尊重男子，双方见面的时候，女性总会先向男性行鞠躬礼、致意问候。男女同坐的时候，往往也是男性在上座，女性在下座。

韩国人对"4"非常反感。许多楼房的编号严禁出现"4"字；医院、军队绝不用"4"字编号。韩国人在喝茶或喝酒的时候，主人总是以 1、3、5、7 的数字单位来敬酒、敬茶、布菜，并忌讳用双数停杯罢盏。

3. 泰国

泰国华裔泰人有900多万，佛教为国教。泰国人待人接物，有许多约定俗成的规矩。朋友相见，双手合十来互致问候。晚辈向长辈行礼时，双手合十举过前额，长辈也要合十回礼。年纪大或地位高的人还礼时，双手不必高过前胸。行合十礼时，双手举得越高，表示尊重程度越高。泰国人也行跪拜礼，但要在特定场合，平民、贵官在拜见国王和国王近亲的时候行跪拜礼。

泰国人非常重视头部，认为头颅是神圣不可侵犯的。如果用手触摸泰国人的头部，被认为是极大的侮辱。脚被认为是低下的，忌把脚伸到别人跟前，也不能把东西踢给别人，不然都是失礼。忌讳用脚踢门，否则会受到人们指责。就座时，最忌讳跷腿。把鞋底对着别人，被认为是把别人踩在脚底下，是一种侮辱性的举止。妇女就座时，双腿要靠拢，否则会被认为没有教养。当着泰国人的面，不要踩门槛，他们认为门槛下住着神灵。在泰国，男女仍然遵守授受不亲的戒律，所以男女不能过于亲近。泰国人喜欢红色、黄色，忌讳褐色。他们习惯用颜色表示星期，如红色是星期日，紫红色为星期六，淡蓝色为星期五，橙色是星期四，绿色为星期三，粉红色是星期二，黄色是星期一。

4. 印度

印度居民大多信奉印度教，其次为伊斯兰教、基督教、锡克教等。晚辈在行礼的时候弯腰摸长者的脚，表示对长辈的尊敬。男子不能和妇女握手。许多家庭妇女忌讳见陌生男子，不轻易和外人接触，但如果邀请男人参加社交活动时应请他们偕夫人同来。一般关系的男女不能单独谈话。印度人用摇头表示赞同，用点头表示不同意。人们用手抓耳朵表示自责；召唤某人的动作是将手掌向下摆手指，但不能只用一个指头。妻子送丈夫出远门，最高礼节是摸脚跟和吻脚。到印度家庭做客时，可以带水果和糖果作为礼物，或给主人的孩子们送点礼品。用右手拿食物、礼品和敬茶，不用左手，也不用双手。就餐的时候，印度教徒最忌讳在同一个容器里取用食物，也不吃别人接触过的食物。印度人忌讳白色，习惯用百合花作悼念品。他们忌讳弯月图案，视 1、3、7 为不吉祥数字，和印度人交谈，要回避有关宗教矛盾、与巴基斯坦的关系、工资以及两性关系的话题。印度教奉牛为神圣，忌讳吃牛肉，忌讳用牛皮制品。崇拜蛇，视杀蛇为触犯神灵。忌讳用澡盆给孩子洗澡，认为是"死水"，是不人道的行为。

（二）部分西方国家习俗礼仪

1. 美国

美国 80%以上居民是欧洲移民的后裔。78.5%的居民信奉基督教和天主教，其他人信仰犹太教和东正教等。握手的时候习惯握得紧，眼要正视对方，微弓身，认为这样才算是礼貌的举止。在美国如果有客人夜间来访，主人穿着睡衣接待客人被认为是不礼貌的行为；在美国，如果要登门拜访，必须先打电话约好；名片一般不送给别人，只是在双方想保持联系时才送；不喜欢别人在餐碟里剩食物，认为这是不礼貌的。美国人对握手时目视其他地方很反感，认为这是傲慢和不礼貌的表示。

美国人忌讳别人冲他伸舌头，认为这种举止是侮辱人的动作。他们讨厌蝙蝠，认为它是吸血鬼和凶神的象征。忌讳数字"13"，忌讳"星期五"等日期。忌讳问个人收入和财产情况，忌讳问妇女婚否、年龄以及服饰价格等私事。忌讳黑色，认为黑色是肃穆的象征，是丧葬用的色彩。特别忌讳赠礼带有公司标志的便宜礼物，因为这有做广告的嫌疑。

2. 英国

英国英格兰人占 80%以上。其余是苏格兰人、威尔士人和爱尔兰人等。居民绝大部分信奉基督教，只有少部分人信奉天主教。英国人讲究文明礼貌，注重修养，同时也要求别人对自己有礼貌。注意衣着打扮，什么场合穿什么服饰都有一定惯例。见面时对尊长、上级和不熟悉的人用尊称，并在对方姓名前面加上职称、衔称或先生、女士、夫人、小姐等称呼。英国人不轻易动感情或表态。他们认为夸夸其谈是缺乏教养的，认为自吹自擂是低级趣味的。人们交往时常用"请""对不起""谢谢"等礼貌用语，即使家庭成员间也一样。

英国人忌讳用人像、大象、孔雀做服饰图案和商品装潢。他们认为大象是愚笨的，孔雀是淫鸟、祸鸟，连孔雀开屏也被认为是自我吹嘘和炫耀。他们忌讳"13"这个数字，还忌讳"3"这个数字，忌讳用同一根火柴给第 3 个人点烟。和英国人坐着谈话忌讳两腿张得过宽，更不能跷起二郎腿。如果站着谈话不能把手插入衣袋。忌讳当着他们的面耳语和拍打肩背，忌讳有人用手捂着嘴看着他们笑，认为这是嘲笑人的举止。忌讳送人百合花，认为百合花意味着死亡。

3. 法国

法国是世界上最早公开行亲吻礼的国家，也是使用亲吻礼频率最多的国家。和法国人约会必须事先约定时间，准时赴约是有礼貌的表示，但不要提前。

法国人忌讳黄色的花，认为是不忠诚的表现；忌讳黑桃图案，认为不吉祥；忌讳墨绿色，因第二次世界大战期间德国纳粹军服是墨绿色；忌讳仙鹤图案，认为是蠢汉和淫妇的象征；不送香水或化妆品给恋人、亲属之外的女人，认为这象征着过分亲热或是图谋不轨。

4. 德国

德国绝大多数都是德意志人。居民中信奉基督教的占大多数。德国人纪律严明，讲究信誉，极端自尊，待人热情，十分注重感情，爱好音乐。重视称呼，是德国人在人际交往中的一个鲜明特点。对德国人称呼不当，通常会令对方大为不快。德国人对发型较为重视。在德国，男士不宜剃光头，免得被人当作"新纳粹"分子。德国少女的发式多为短发或披肩发，烫发的妇女大半都是已婚者。

德国人注意衣着打扮，外出时候必须穿戴整齐、清洁；见面打招呼必须称头衔，不直呼名字；约会准时，时间观念强；待人热情、好客，态度诚实可靠。宴席上，男子坐在妇女和地位高的人的左侧，女士离开和返回饭桌时，男子要站起来以示礼貌；忌讳吃核桃；如果同时喝啤酒和葡萄酒，要先喝啤酒，然后再喝葡萄酒，否则被视为有损健康。在公共场合窃窃私语，被认为是十分无礼的。在德国，蔷薇专用于悼亡，不可以随便送人。忌讳茶色、红色、深蓝色。服饰和其他商品包装上忌用纳粹标志。

5. 俄罗斯

俄罗斯主要是俄罗斯人，东正教是主要宗教。俄罗斯人性格开朗、豪放、集体观念强。他们和人见面，大都行握手礼，拥抱礼也是他们常施的一种礼节。他们还有施吻礼的习惯，但对不同人员，在不同场合，所施的吻礼也有一定的区别：一般对朋友之间，或长辈对晚辈之间，以吻面颊者为多，不过长辈对晚辈以吻额为更亲切和慈爱；男子对特别尊敬的已婚女子，一般多行吻手礼，以示谦恭和崇敬；吻唇礼一般只是在夫妇或情侣间流行。

俄罗斯人不吃海参、海蜇、墨鱼、木耳；偏爱"7"，认为"7"预兆会办事成功，"7"还可以给人们带来美满和幸福。人们都把红色视为美丽和吉祥的象征。对盐十分崇拜，并视盐为珍宝和祭祀用的供品，认为盐具有祛邪除灾的力量。如果有人不慎打翻了盐罐，或是将盐撒在地上，便认为是家庭不和的预兆，为了摆脱凶兆，他们总习惯将打翻在地的盐拾起来撒在自己的头上。俄罗斯人认为兔子是一种怯弱的动物，如果从自己眼前跑过，那便是一种不祥的兆头。

他们忌讳黑色，认为黑色是丧葬的代表色；他们厌恶黑猫，并视黑猫从自己面前跑走是不幸的象征。他们重视文化教育，喜欢艺术品，和他们谈论艺术是个很受欢迎的话题。

（三）部分非洲国家习俗礼仪

1. 埃及

埃及地跨非、亚两洲。埃及国教是伊斯兰教。埃及人在正式用餐时，忌讳交谈，否则会被认为是对神的亵渎。埃及人一般都遵守伊斯兰教教规，忌讳喝酒，喜欢喝红茶。他们有饭后洗手、饮茶聊天的习惯。忌吃猪、狗肉，也忌谈猪、狗。男士不要主动和妇女攀谈；不要夸人身材苗条；不要称道埃及人家里的东西，否则会被认为在向他索要；不要和埃及谈论宗教纠纷、中东政局及男女关系。在埃及，一到下午3点或5点之后，人们大都忌讳针。商人不卖针，人们也不买针，即使有人愿出10倍的价钱买针，店主也会婉言谢绝，绝不出售。

在埃及，进伊斯兰教清真寺时，务必脱鞋。埃及人爱绿色、红色、橙色，忌蓝色和黄色，认为蓝色是恶魔，黄色是不幸的象征，遇丧事都穿黄衣服。也忌熊猫，因它的形体近似肥猪。喜欢金字塔形莲花图案。禁穿有星星图案的衣服，除了衣服，有星星图案的包装纸也不受欢迎。人们喜爱数字"3、5、7、9"，忌讳"13"，认为它是消极的。吃饭时要用右手抓食，不能用左手。不论送给别人礼物，还是接受别人礼物，都要用双手或者右手，千万别用左手。

2. 南非

南非位于非洲大陆的最南端。在社交场合，南非人普遍采用的见面礼节是握手礼，他们对交往对象的称呼主要是"先生""小姐"或"夫人"。信仰基督教的南非人，忌讳数字"13"和"星期五"等日期；南非黑人非常敬仰自己的祖先，他们特别忌讳外人对自己的祖先言行失敬。跟南非人交谈，有四个忌讳的话题：一是不要为白人评功摆好；二是不要非议黑人的古老习惯；三是不要为对方生了男孩表示祝贺；四是不要评论不同黑人部族或派别之间的关系及矛盾。

3.尼日利亚

尼日利亚位于西非东南部，是西非的"天府之国"。居民中穆斯林占50%，基督教徒占40%。尼日利亚是全世界人口最多的黑人国家。尼日利亚有许多部族，其习俗与文化传统有很大差别，所以他们的生活方式也截然不同。施礼前，总习惯先用大拇指轻轻地弹一下对方的手掌再行握手礼。谈话中应回避的一个话题是宗教。他们不愿谈论政治，特别是有关非洲的政治问题。要避免谈有关南非的事，另外，所携的印刷品不要有涉及南非活动的画面。恰当的话题是有关尼日利亚的工业成就和发展前景。

尼日利亚人和人交谈的时候，从不盯视对方，也忌讳对方盯视自己，因为这是不尊重人的举止。他们忌讳左手传递东西或食物，忌讳"13"。已婚妇女最忌讳吃鸡蛋。她们认为妇女吃了鸡蛋就不会生育。尼日利亚伊萨人认为食指是不祥之物，无论谁用右手食指指向自己，都是一种挑衅的举动；如果有人伸出手并张开五指对向自己，更是粗暴、侮辱人的手势，相当于辱骂祖宗，这些都是令人不能容忍的。他们用餐一般习惯以手抓饭，社交场合也使用刀叉。

【相关链接1】

我国部分少数民族禁忌

一些少数民族有独特的风俗文化和忌讳的事物，我们多加了解，在与其相处时就可避免一些麻烦和尴尬。下面是国内部分少数民族的禁忌。

蒙古族，忌讳骑马、坐车到蒙古包门前下马和下车，忌讳将马鞭、刀枪带进包房内。忌讳坐蒙古包的西北角以及睡或者坐时脚伸向西北方。不能在火盆上烤脚，禁止用刀或者斧子接触火或者在火旁边砍削东西。赠送礼物礼品忌单数，禁止打骂守门狗和牧羊犬。

藏族，进寺庙忌摸宗教器物，行路遇到寺院、玛尼堆、佛塔等宗教设施必须从左往右绕行，信仰苯教的从右边绕行。进入藏胞的帐房后，男左女右，不得混坐。

苗族，不吃牛羊肉，忌狗肉上灶。忌在屋里煮蛇肉。父母或者同村人去世，一个月内忌食辣椒。和苗族人嬉闹时，不能用绳子或布带捆他们。苗族人在门口悬挂草帽或插青树叶，或者在举行婚丧祭祀等仪式时，客人不要进屋。路上遇到新婚夫妇，不能从他们中间穿过。

黎族，忌头朝门口睡觉，如过路客人无意犯忌，主人以为有祸临头。

傣族，寨门附近的寨神庙平时忌进，寨心忌坐也忌脚踏或者拴马，忌移动或者触摸神树下的祭品。遇上傣族群众在祭祀寨神时，不能进寨子。不能摸小和尚的头，忌摸神像法器。进寺庙参观一定要脱鞋，妇女进佛寺不能任意走动。不能随意敲打佛寺里的鼓。进了傣族群众家，千万不能窥看主人的卧室，也不能从火塘的三脚架上跨过。

壮族，家有产妇时，门上悬挂草帽，外人不得入内。无论家人、客人都不能坐在门槛中间；不能扛着锄头或戴着斗笠走进家中。二月初二祭龙山帝王，不能砍伐山中树木，不能在山中大小便。壮族人给人递茶时，应双手捧杯，忌讳单手递送，夹菜时忌讳来回挑拣着吃。壮族人忌食牛肉和蛙肉。

维吾尔族，最忌讳在户外穿短裤，晚上睡觉时不能头东脚西或四肢平伸。在维吾尔族人家做客，洗手时不可将沾污水的手乱甩；要待长者坐好方可就座；吃抓饭时不要满盘子乱抓或者将抓过的肉食再放入盘内；吃剩的残骨不要乱扔，应放在自己面前的餐布上；用餐时外出不可从餐布上跨过或者从客人面前走；做客时不能当着别人的面吐痰。

满族，不打狗，不杀狗，忌讳吃狗肉，不戴狗皮帽子、不穿狗皮衣服，不当着主人的面赶狗，更不说狗的坏话。忌讳打喜鹊和乌鸦。以西炕为上，忌讳坐西炕。忌在罗杆上拴牲口。

拉祜族，禁止用母猪及母兽肉做"剁生"。禁食献祭在路边、树林里的肉食。忌吃牛肉。禁止挪动房内的神桌。忌讳跨越房内柴火，不得坐在柴火中间。澜沧茨竹河一带的拉祜族认为红色不吉利，因而忌穿纯红色的衣裤，也禁止外人带入红毯子、红手巾等物。忌单人参加葬礼，参加葬礼的人必须成双成对。禁止在大年初一下地干活、砍柴、洗衣、舂碓、杀生、割菜、做生意、借东西、放养牲畜等，按拉祜语说即是"凡动的不能打，凡绿的不能动"。忌讳在大年初一说错话、做错事。

朝鲜族，出殡必在单日。朝鲜族妇女怀孕后不能吃鸭、兔、狗和猪肉。孕妇不能翻越墙壁，不能从马缰绳上跨过，不能坐笤帚，不能搬动陶蒸笼、瓦缸等物，也不能看人家办丧事，不能看人家迁坟、救火等。生了婴儿的人家在大门上挂一根草绳作为禁绳，禁止外人进入。朝鲜族不喜欢吃鸭子、羊肉、肥猪肉。老人地位很高，平时老人的饮食是单独制作和用餐的，如果父子同席，儿子不能当着父亲的面吸烟或饮酒。朝鲜族忌讳敲门，进访者应呼叫主人。

珞巴族，村人预祝庄稼丰收，请巫师念经这一天，要在村外路上横拦树枝，严禁外人进入村里或庄稼地内，全村人也禁止下地劳动。早稻收割季节，凡有客人来，不能向他提供午饭带走；收割早稻时，割稻的妇女不准说话，也不能挨家串门。珞巴族视火塘为最圣洁的地方，禁止任何人从屋内的火塘上跨越和在火塘上方挂放衣裤、裙子等；严禁在火塘旁边放鞋、伸脚；禁止在火塘里烧死的禽畜及野兽的毛皮，禁止朝火塘内扫地上的脏物。家里有了病人，请巫师念经驱鬼时，在门前插上树枝，禁止外人进入，怕外人将鬼带进，使病情加重。远途来的客人更禁止入病人家门，否则会引起怨恨和纠纷。家里悬挂的牛头骨，妇女不能随便触摸，月经期间不准靠近。烘烤酒曲时，不能让邻居妇女进入自家门。火塘周围的座次有明确的规定，严禁女人坐在男人的位置上。

德昂族，忌拉手赠物，在德昂族中，成年男女之间一般都不随便拉手搭肩，也不相互赠送礼品。妇女不与男客同桌吃，妇女不得在男子面前跷二郎腿。年轻人不得面向长辈吐唾沫，妇女衣裤不能晾晒在男人穿行的地方。忌同姓婚姻。产妇坐月子期间不能进入灶房煮饭炒菜，更不能随便到别人家串门。也忌讳他人进入产妇的卧室，特别是孕妇或婴儿。德昂族吃新饭时，首先喂牛和狗。德昂族人到别人家做客，不能看着人家炒菜或到灶边转，吃饭时不能随意拨弄盘中的食物。盛饭时，勺子不能往外翻。忌唤乳名，人生下来15天后都有自己的乳名，呼唤时，除小孩可直接呼唤其乳名以外，凡青年人都得以"哥""姐"相称，特别是在两人见面的时候更应如此相呼唤。在人多的场合，为了区别对某人呼唤，可在"哥""姐"的称谓之后附加其乳名，也有在"哥""姐"之前冠上乳名，以此表示尊敬。但是，一旦生儿育女，成为父母亲以后，便不能再附加或冠上乳名，而必须在"哥""姐"之前冠以"某某的父亲"或者"某某的母亲"，以示对其辈分的承认和尊重。对老一辈的称谓也是如此。两人相见时，可直呼"公公""奶奶"。在人多的场合，为点明所呼唤的对象，得在"公公""奶奶"之后附加或在其前冠以"某某的公公""某某的奶奶"。

布朗族，打扫寨子期间，不准人进出寨子。过新年期间出门玩耍，不准在外住宿。上山种地，住临时搭建的地棚时间不能超出一个月，须在28天以内赶回村寨，否则要杀鸡祭祀家神。神龛和家神柱是供奉祖先的地方，任何人都不得靠在旁边。火塘上的铁三脚架搁歪了，只能由家长扶正，晚辈不能扶正。火塘是神圣的，禁止跨越。家中有婴儿，忌带绿叶入屋内。家中有孕妇，忌带猎物进家。饮酒时，先滴一点在地上。在家里不准许高声喧哗、吐痰、哼小曲儿、吹口哨。不能乱摸僧侣和老人的头。老人的卧室不能擅自进入。登入布朗族人的竹楼时要脱鞋。父母亡日，家里人忌下地劳动生产。凡是雷电触击过的树木不能使用。

土家族，忌食狗肉，忌随意移动火坑中的三脚架，忌用脚踩灶或者坐在灶上以及将衣服、鞋袜和其他脏物放在灶上。客人不能与少妇坐在一起。忌在家里吹口哨或随意敲锣打鼓。

彝族，饮食上忌食蒜。神树禁止砍伐，旁人不能用手触摸。祭祀时禁止外人观看。彝族人宰杀家禽时忌外人在场。忌外人骑马进彝族寨子，到寨门的竹篱笆前必须下马。客人坐火塘的上方或者右方，忌用脚踩踏三脚架。彝族人给你吃的酒肉你必须吃，不然会认为你瞧不起他。彝族人忌客人把食品带走，认为这是不讲义气。

白族，白族人在农历七月十五接送祖先亡灵时，不能出门。火把节的晚上岳父不能接女婿来家中过节。

纳西族，骑马到寨前必须下马，到主人家里不能将马拴在祭天堂的地方，祭天堂、祖先、战神，外人不能观看，进屋不能靠神位坐，最好坐在灶下方或周围。

【相关链接2】

李鸿章出使美国随地吐痰被罚款

在晚清外交史上，清末大臣、洋务派和淮军首领李鸿章是一面旗帜，其晚年的环球考察给后人留下了众多话题。在环球考察中，李鸿章有备受礼遇之处，也有颇受委屈之处。比如访问德国备受礼遇，在美国时却甚是尴尬，很是委屈，先是在华盛顿国立图书馆抽烟被禁止，后来在图书馆大门前吐了一口痰，被责令擦掉，还被罚了款。

大清国在当时怎么腐败，也还称得上泱泱大国一个，李鸿章作为大清国的头等钦差在国外吐口痰却遭遇此等尴尬，在李鸿章个人的外交生涯甚至世界外交史上，也许都是一件让人难以忘记的事。

那是1896年8月，李鸿章出访欧美，对美国进行了一次访问，就是在这次访问中，遇到吐痰被罚款的尴尬事。《李鸿章与淮军》一书给我们真实记录了当年的尴尬场面："在美国华盛顿国立图书馆，李鸿章颇受委屈。起初是不让他在图书馆内抽烟，这让李鸿章颇感不快。要知道，在国内他当着慈禧太后的面都敢抽烟。憋了一肚子气出门后，他'啪'地一口痰吐在图书馆大门前。于是，两个值班的工作人员立即将他拦住，责令他去擦。李鸿章哪会干这种事？他示意随从的人去帮他擦，但值班的工作人员不同意。结果，以罚款了结。"

当然，李鸿章此次在美国出访的尴尬事远非这一件，《李鸿章与淮军》一书中还描述说："可能是为了取得美国人的好感，李鸿章说：'在欧洲访问结束时，有人劝我从地中海走苏伊士运河回国，被我拒绝。我说，我要访问美国。'这一席话，突然拉近了他与美国人之间的距离，李鸿章说话也随便起来。他随口问身边的美国退役将军威尔逊："你算有钱人吗？'"

这个问题在西方的礼仪外交场合是不便提的，它涉及被问者的隐私，但为了避免尴尬，翻译把这个问题告诉威尔逊后，又特意补上一句："这在中国是个很礼貌的话，它表示对方很关心您的生活情况。"同时，翻译也代威尔逊回答道："谢谢！他已经退役，他确实很富有。"

接着，李鸿章又问现役将军赖格："你富有吗？"只见赖格将军很窘迫，一时语塞，然后又结结巴巴地答道："我……我不富有。"

李鸿章真是哪壶不开提哪壶，穷追不舍地问道："奇怪！现役将军还不如退役将军？"

翻译说："是的，因为退役将军可以拿到一笔退休金。"

在与赖格将军的交往中，李鸿章送给他一张自己的名片。由于清朝翰林制作名片都比较大，上面的字也大，赖格将军以为这是李鸿章在有意耍弄他，就特意制作了一张比李鸿章的名片还要大的名片回赠李鸿章。李鸿章一见，气不打一处来，说："这不是赖格在欺侮我吗？这个没钱的将军！"于是，他就叫人特意制作了一张两尺宽、六尺长的特大名片，送给赖格，弄得赖格哭笑不得。

课后作业

1.请口头阐述涉外礼仪的基本原则。

2.请说出世界三大宗教的主要节日和禁忌。

3.制定一份详细的涉外接待方案，包括接待安排时间、地点、宾馆、迎送车辆、接待方式、接待人员等。将班级学生分成若干组，每组选出一名组长，以组为单位按照已制定的方案进行角色扮演。

参考书目

［1］海英. 礼仪的力量——海英老师的33堂礼仪课［M］. 北京：北京师范大学出版社，2011.

［2］袁涤非. 现代礼仪［M］. 北京：高等教育出版社，2014.

［3］刘月荣. 实用礼仪教程［M］. 北京：化学工业出版社，2023.

［4］王炎，杨川川. 商务礼仪——清净·项目·训练（第三版）［M］. 北京：电子工业出版社，2022.

［5］张岩松. 实用礼仪教程（第三版）［M］. 北京：中国人民大学出版社，2021.

［6］蒋璟萍. 礼仪教程［M］. 北京：清华大学出版社，2021.

［7］吕艳芝，徐克茹，冯楠. 公务礼仪标准培训（第3版）［M］. 北京：中国纺织出版社，2021.

［8］王玉海. 中国传统文化十讲［M］. 北京：知识产权出版社，2016.

［9］彭林. 彭林说礼——重建当代日常礼仪［M］. 北京：清华大学出版社，2018.

［10］杨雅蓉. 高端商务礼仪与沟通——让你身价倍增的社交礼仪［M］. 北京：化学工业出版社，2019.

［11］金正昆. 礼仪金说系列（全7册）［M］. 北京：北京联合出版公司，2019.

［12］许纪霖. 脉动中国——许纪霖的50堂传统文化课［M］. 上海：三联书店，2021.

［13］魏伯河，张晓曦. 礼仪教育简明读本［M］. 烟台：黄海数字出版社，2010.